SERHAT YABANCI

Lisans eğitiminden sonra hem sosyoloji hem de uygulamalı psikoloji alanında yüksek lisans yaptı. ODTÜ SEM'de iki modül aile ve evlilik terapisi eğitimi, Sabahattin Zaim Üniversitesi'nde 460 saatlik aile danışmanlığı eğitimi aldı. Prof. Dr. Hakan Türkçapar'dan teorik ve süpervizyon Bilişsel/Davranışsal terapi eğitimi aldı.

Milliyet, Hürriyet, Akşam, Habertürk, Yeni Şafak gibi pek çok gazetede yazı ve röportajları yayımlanmıştır. Show Tv, Star, ATV, Beyaz TV, FOX, Habertürk, Ntv, CNNTürk, TV8, TRT gibi ulusal televizyon kanallarında evlilik ve aile danışmanı olarak çeşitli programlara konuk olan Yabancı, *Milliyet/PembeNar* sitesinde ilişkiler hakkında yazmaya devam etmektedir.

2016 yılında TBMM Aile Bütünlüğünü Koruma Komisyonu'na davet edilmiş ve hazırladığı sunumla kitaplarındaki bilgiler, komisyon raporunda yayınlanmıştır. Yabancı; halen konferanslar ve söyleşiler yapmasının yanı sıra üniversitelerde Aile Danışmanlığı eğitimi vermeye, yurtiçi ve yurtdışı atölyeler yapıp bireysel/aile danışmanlığına devam etmektedir.

Yazarın Mona Kitap'ta yayımlanmış diğer eserleri: *Unutmak Mı Affetmek Mi?* (2013); *Düşündüğün Gibi Değil* (2014); *Bütün Aşklar Tatlı Başlar* (2017); *Evlenmeden - Boşanmadan Önce İyi Düşün* (2018); *Bensiz Biz Olmaz* (2019)

www.serhatyabanci.com
www.facebook.com/serhatyabanci
www.youtube.com/serhatyabanci
www.twitter.com/serhatyabanci
www.instagram.com/serhatyabanci
serhatyabanci@hotmail.com

Zihin Tuzakları
Serhat Yabancı

Yayıncı ve Genel Yayın Yönetmeni: M. Faruk Bayrak
Genel Müdür: Vedat Bayrak
Editör: Canan Hatiboğlu
Kapak Tasarımı: Füsun Turcan Elmasoğlu
Sayfa Tasarımı: Alfa Grafik

ISBN 978-625-7220-42-2

1-8. Baskı: Kasım 2021
18-20. Baskı: Ağustos 2022

Mona Kitap, Alfa Yayın Grubunun tescilli markasıdır.

Baskı ve Cilt
Melisa Matbaacılık
Çiftehavuzlar Yolu, Acar Sanayi Sitesi, No. 8, Bayrampaşa-İstanbul
Tel.: (0) 212 674 9723 Faks: (0) 212 674 9729
Sertifika No. 45099

Genel Dağıtım
Alfa Basım Yayım Dağıtım San. ve Tic. Ltd. Şti.
Alemdar Mahallesi, Ticarethane Sokak No. 15 34110 Cağaloğlu-İstanbul
Tel.: (0) 212 511 5303 Faks: (0) 212 519 3300
www.alfakitap.com - info@alfakitap.com
Sertifika No. 43949

Berrin'e

SERHAT YABANCI

Sevgilerimle

ZİHİN TUZAKLARI

11.8.2022

Kendine Yardım Kitabı

KİŞİSEL GELİŞİM

Kızıma...

İÇİNDEKİLER

Merhaba sevgili dostum,

Altıncı kitabımla seninle tekrar buluştuğum için çok mutluyum.

Daha önceki beş kitabımda çoğunlukla ilişkileri ele almıştım. Bu kitabımda ise, kendimizle olan ilişkimizi ele aldım.

İnsan, kendisiyle nasıl ilişki kurmuşsa ona uyumlu davranır, senaryosuna da uygun kişileri seçer. Doğal olarak sağlıklı seçimler, sağlıklı sürdürmeler hatta sağlıklı bitirmeler için önce kendi benliğimizle olan ilişkimizin sağlıklı olması gerekir.

Bu kitapta, algımızın bizim ve yaşamımız üzerindeki etkisini, mutsuzluğumuzun altındaki dinamikleri, şemalarımızı, otomatikleşen bakış açımızı; sonrasında ise bunları nasıl değiştireceğini bazılarıyla nasıl baş edeceğini göreceksin.

Bir çoğumuz olgulardan değil, onlara yüklediğimiz algılardan dolayı mutsuz olur, sıkıntılar yaşarız. Algımızın değişmemesi durumunda ise bu durum, kronikleşmeye başlar.

Bu kitapta;

- Mutluluk tuzaklarını,

- Kendimizi nasıl mutsuzlaştırdığımızı,

- Kırık camlarımızı,

- Kontrolcülük ve bize hayatı dar eden garanticiliğimizi,
- Değerli hissetmeye çalıştığımız referanslarını bulacaksın.

Mutlu olmanın moda olduğu, insanların adeta duygusal mükemmeliyetçilik ile hep olumlu iyi hisleri kovaladığı bu dönemde bunun mümkün olmadığını, olamayacağını; aslında mutluluğun tüm duygulara izin vermeyle başladığını kabul ederek yola çıkmamız gerektiğini biliyoruz.

Zihnimiz bize çoğu zaman oyun oynar. Olguları; zihnimizin heybesindekilerle yorumluyoruz. Ona göre de hislerimiz oluşuyor. Nasıl düşünüyorsak, bir süre sonra da ona paralel hissediyoruz.

İşte çekirdekteki düşünceleri bulduğumuzda ana hedefe doğru çıkmaya başlıyoruz.

Zamanla olgularla değil, savaşımızın algılarla ve yorumlamalarımızla ilgili olduğunu görüyor ve yeni bir çerçeveleme yapmaya başlıyoruz.

Sevgili dostum;

Hem neden sonuç ilişkisi hem de somut çözümler içeren kendine yardım kitabım sana farkındalık kazandırması umuduyla, keyifli okumalar diliyorum.

Serhat Yabancı

1. Bölüm

KENDİN OLMANIN İNANILMAZ HAFİFLİĞİ

KONFOR (PATİNAJ) ALANI

Aracınla giderken birden çamura saplandın. Muhtemelen ilk yapacağın şey, çamurdan çıkmak için gaza basmak olacaktır. Bu hamle ilk başlarda mantıklıdır ve denenmesi gereken bir yöntemdir. Bir süre sonra gaza bastıkça aracın daha da çok gömülmeye başladığını gördüysen ayağını gazdan çekmen gerekir. Aksi takdirde lastikler daha çok gömülecek, aracın daha fazla yorulacak ve benzinin bitecek. Bunların her biri yeni bir sorun olarak karşına çıkacak. Gaza basmak, sorunun artık çözümü değil, bir süre sonra sorunun ta kendisi olacaktır.

İşe yaramayan ve aksine daha çok seni zor durumda bırakan her davranış da gaza basmak gibi patinajdır. Böyle bir düşünceyse obsesyondur. Aynı bakış açısıyla yıllarca çözüm aramak gibi...

Çoğu insan, aynı yöntemler ve bakış açısıyla uzun yıllar farklı bir sonuç almaya çalıştığı için yaşamları adeta patinaja döner. Her şey kendini tekrar ettirir. Şayet sen de bugüne kadar kronikleşmiş sorunlar yaşıyorsan, bil ki patinaj bir yaşam içindesin.

En sevdiğim metaforlardan biridir *patinaj*. Patinajın benim için önemli olmasının nedeni, sorunlar arasında boğulan kişinin aslında çözüm zannettiği davranışta ısrar etmesidir.

Risk almadığımızda, bulunduğumuz alana kendimizi hapseder ama kendimizi güvende hissederken de sıradan ve rutin ötesi bir yaşama yelken açmış oluruz.

Prof. Dr. Sinan Canan'ın çok güzel bir sözü var: "Konfor çürütür." Evet, konfor çürütür; zihni, bedeni, duyguları... Yani hepsi çürür.

Yine Prof. Dr. Acar Baltaş hocamız da şöyle der: "Acı, üzüntü ve başarısızlık yoksa bir hayatın içinde, o hayattan bir hikâye çıkmaz."

İşte size Paulo Coelho'nun çok sevdiğim bir sözü daha: "Tekne limanda güvendedir, ama teknenin amacı bu değildir."

Yani acıdan kaçarken, başarısız olma korkusuyla karar almazken; terk edilme, kaybetme veya başarısız olma korkularıyla ilişkilerden kaçarken, bir yandan da bunların bize sunacağı birçok ödülü kaybetmiş olacağız.

Sırf güvende olmak adına hikâyesiz bir hayat yaşayacağız.

Oysa bizler bu dünyaya kendimizi güvende hissetmek için değil, her duyguyu hissetmek için geldik.

Risk al, harekete geç.

Ahmet çekingen biri ama bu durumdan çok da memnun değil ve kabuğundan çıkmak istiyor. "Konfor alanından çıkmadan yeni bir yaşamın olmaz!" cümlesini benim Twitter'daki sayfamda okuduktan sonra adım atmaya karar vermiş.

Çekingen olmasını, reddedilme ve dışlanmaya bağlıyordu Ahmet... "Ya sevilmezsem veya sıkıcı bulunursam, ortamda tek bırakılırsam," düşüncesi onu o kadar yönetiyordu ki bu düşünce zamanla bildiğin kemikleşmiş bir inanca dönüşmüştü.

Bu düşünceyle uyumlu olarak maçlara gitmiyor, eğlencelere katılmıyor, iş yemeklerine hep mazeret bildiriyor hatta işyerinde bile insanlarla karşılaşmamak için yemekhaneye en son iniyordu.

Kendini, en çok en samimi arkadaşı Kenan'ın yanında rahat hissediyor, şayet onun da işi varsa günlerce evden çıkmadan hayatını sürdürmek zorunda kalıyordu.

Bu çekingenliği nedeniyle romantik ilişkilerde de sorun yaşamış, son ilişkisi sadece iki ay sürmüştü. Kendini yeterince çekici bulmadığı için partnerinin ilgisini samimi bulmamış, duygularını ifade etmediği ve buluşma teklifinde bulunmadığı için de terk edilmişti. Böylece *kendini gerçekleştiren kehanet* tuzağına düşmüş ve, "Zaten terk edileceğimi biliyordum, benim gibi biriyle bir kadın neden sevgili olsun ki?" diyerek o bildik düşüncesini doğruladığına inanmıştı.

Bu düşünceler bazen onu esir alıyordu. Bu konuları istemsiz olarak düşünmekten alıkoyamıyordu kendini. Sonunda yemekle, içmekle ya da saatlerce internette oyun oynamakla kafasını dağıtıyordu. Bilgisayar oyunu onun adeta yara bandıydı. Ne zaman kendini kötü hissetse, ne zaman girişiminden sonuç alamasa en az altı saat bir oyunun başından kalkmıyordu.

Oyun oynarken herkes gevşerken ben gerilirdim. Bilgisayarın faresine sert vurur, kaçırdığım gollerde sinir harbi yaşar, öfke ve bağırmalarım ile adeta savaşta gibi olurdum. Ara ara o gün yaşadığım o kötü hisler aklıma gelir, üzülmek yerine öfkeye sarılırdım.
Bir keresinde servisten inerken Ayşe'ye iyi akşamlar demiştim. Ayşe cevap vermemiş, öyle bir boşlukta kalmıştım ki o anki üzüntümü ve rezil olmayı çaktırmamak için elime hemen telefonumu alıp rastgele annemi aramıştım. Eve geldiğimde ise yemek yemeden direkt oyuna başlamış ve yine o savaşta bulmuştum kendimi.

Kaçınmalarımız, bizi hem güvende hissettiren hem de yüzleşmelerin stresinden kaçıran alanlarımızdır. Patinajlarımızın çoğu, kaçtığımız alanlarda gerçekleşir. Bunların nedeni de acı ve istenmeyen hisleri yaşamaktan kaçmaktır.

Peki ama neden patinajlar yaşanır:

- Sonuç alamasak da patinaja devam ederiz, en azından çabaladığımızı hissederek kendimizi suçlu hissetmekten kaçarız.

- Yeni bir yol seçmenin olumsuz sonuçlanacağına olan inancımız etkiler. "Ya başarılı olamazsam veya sonrasında kötü sonuçlar alırsam..." gibi.

- Atacağımız adımın sonrasını kestirememek yüzünden patinaja sığınırız. "Peki sonra ne olacak?" sorusu gibi.

- Yeni bir yolun getireceği, geçici zorluk, sıkıntı, konfor bozulmasını istemeyiz.

Bir kısırdöngünün içindeydi Ahmet. Bir yandan yalnızlığı yüzünden mutsuzdu, diğer yandansa gerçekleşme ihtimali olan *incinme, reddedilme, kırılma, beğenilmeme, kendini değersiz hissetme* gibi düşüncelerden dolayı sürekli güvenli alana (yalnızlığa) kaçıyordu. Adım atması halinde yaşayacağını zannettiklerini gözünde o kadar büyütmüştü ki hem bunlar kesin olacak diye düşünüyordu hem de o hislerle asla baş edemeyeceğine kendini inandırmıştı. Onun gözünde iki seçenek vardı:

1. **Yalnızlık:** Kendini güvende hissetmek, sıkılma, stres, duygusal-sosyal yoksunluk, bağımlılıklar...
2. **Tanışmak:** Kırılma, reddedilme, kendini değersiz hissetme, ilişki sorumlulukları, mutluluk, birliktelik, keyifli bir arkadaşlık, daha az yalnız hissetme, daha az bağımlılık, daha çok sosyal/duygusal/cinsel yaşam.

Oysa bu patinajda gözden kaçırdığı iki şey vardı:

1. Tahmin ettiği sonuçların gerçekleşeceğini nereden biliyordu?
2. O duygular ortaya çıkarsa gerçekten dayanılmaz ve baş edilmez olduğunu nasıl biliyordu?

İşte bu iki inanç, onun yaklaşma / kaçınma patinajını bir yaşam döngüsüne dönüştürmesine neden oluyordu.

Bu düşüncelerin otopsisini yaparsak:

1. Yaklaştığın veya tanışmak istediğin herkes hiçbir zaman aynı tepkiyi vermez. Her insan başka bir dünyadır. Kültür, ihtiyaç, kişilik, eğitim gibi birçok parametre nedeniyle herkesin bir olaya tepkisi aynı olmayacaktır.

2. Diyelim ki biriyle tanışmak istedin ve seni doğrudan reddetti ya da önce şans verdi ama sonra devam etmek istemedi. Bu his ne kadar ağır olabilir? Bu his ne kadar sürebilir? Bu his seni ne kadar yönetebilir? O ortamdan ayrıldığında o his de aşama aşama senden ayrılmayacak mı? İncinme, kendini kötü hissetme, kendini değersiz hissetme gibi duygular sana ne kadar zarar verebilir? Bu hislere dayanamadığını düşündüğün için yıllarca bu girişimlerden uzak durmanın bedeli olarak çok daha fazla acı ve üzüntü yaşamayacak mısın?

3. Konfor alanından çıkmadan hayatına yeni biri, yeni bir ilişki, yeni bir arkadaş girmesinin ihtimali var mı? Muhtemelen "Hayır," diyorsun; ki çoğu insan böyle düşündüğü için *emeksiz yemek* mantığıyla falcıların, büyücülerin, tılsımcıların, evrene mesaj gönderenlerin tuzağına düşmüyor mu? "Çok iste olacak...", "Bu duayı elli kez oku o gerçekleşecek..." gibi ritüelleri yerine getirip çaba göstermeden olumlu sonuç bekleyenlerin şeması da bu değil mi zaten?

4. Gelelim kaçtığımız hislere. Acı veren, hayal kırıklığı yaşatan her şey bizi geliştirmez mi? Bir yerde canımız çok yanıyorsa eğer, o acı bir sestir. Bir şeylerin

değiştiğini veya bir şeyler yapmamız gerektiğini söyler. Yine yıllar önce Hakan Türkçapar hocamın ders esnasında sarf ettiği şu söz de beni çok etkilemişti: "Vücut geliştirenler, vücudunun geliştiğini ağrıyan yerleriyle anlarlar. Halterin kilosunu artırmaya da ağrıya göre karar verilir. Bir aydır kullandığı ağırlık, artık bir ağrı yapmıyorsa ağırlığın kilosunu artırırlar. Bilirler ki artık o zorlamıyorsa hafif kalıyor ve patinaja düşürüyor."

5. Şayet bir şeyler ters gidiyorsa ya hedefimiz ya da yolumuz yanlıştır. Mesela Ahmet partner seçiminde hep aynı sonucu yaşıyorsa iki şeye bakabilir: Seçtiğim kişiler mi yanlış yoksa onlara ulaşma yollarım/sürdürme şekillerim mi yanlış? Karşı cinse ulaşmak için izlediği yol yanlış ise sürekli benzer sonuçlar yaşayacaktır. Yaşadığı her olumsuz sonuç, hâlâ bir şeylerin tam oluşmadığının sesidir. Hani bir şaman sözü vardır ya, "Ders, sen öğrenene kadar devam eder!" işte tam da bu. Öğrenene kadar hayat bize yaşatıyor onları.

İşte acı, kırılma kaygısı, reddedilmenin getirdiği incinme gibi birçok his bizi geliştirir. Bağışıklık sistemimizi güçlendirir. Bir süre canımız daha az yanacağı gibi çözüm de üretmeye başlarız. Hatta sorunun *kaçınma* olduğuyla yüzleşiriz. Belki klasik olacak ama yine Nietzsche'nin, "Beni öldürmeyen acı güçlendirir," sözü de bu duruma güzel bir örnektir.

Ahmet'in hikâyesine geri dönelim. Sosyalleşme girişimlerinde önce zihin okumalarıyla yüzleşecek, sonrasında olur da ortaya çıkacak olan hisleri kabul edecektir. Son aşamada da öyle bir durumda nasıl bir çözüm üreteceğini önceden planlayacaktır.

Zihin okumaları: *Beni çekici bulmazlar, üstelik ilgi çekici tek bir sohbetim bile yok.*

Cevap: *Herkes farklı bir tarza ve ilgiye sahip. Kimin nelerden etkileneceğini bilemem. Ben yine de denemeliyim. Ayrıca bu konuda da bilgi ve sohbet içeriğimi geliştirebilirim.*

Olumsuz duygular: *Çeşitli girişimlerde bulunduğumda hayal kırıklığı, acı, üzüntü veya anlık olarak kendimi değersiz hissedebilirim ama bunlar dünyanın sonu değil. Ben bunları en baştan kabul ediyorum. Bunlar herkesin başına gelebilir, birçok farklı konuda böyle hissedilebilir. Bu duygulardan kaçmayacak, bu duyguları yaşamak için kendime izin vereceğim. Sırf bu hislerden kaçmak adına kocaman mutluluk kaynaklarımdan vazgeçmeyeceğim. Duygusal kaygılarıma yenilmeyeceğim.*

Kesin sonuç beklemek: *İlk atışta 12'den vurma şeklindeki düşüncemden vazgeçeceğim. Sadece kişisel gelişimim için değil, hayatın hiçbir kulvarında, küçük ihtimaller dışında bunu sağlamam mümkün değil.*

Diğer yandan kesin sonuç alacağımı en baştan asla bilemem. En baştan işin sonunu görmeye çalışmak ve kesin olacaksa başlamak, ekbette ki baştan bilinebilecek bir şey değildir. Sonuç iyi bir sürece bağlıdır. Yani sonucu yine ben belirleyeceğim.

Elazığ yöresine ait güzel bir söz var: "Karnım doymayacaksa açlığımı belli etmeyeyim." Oysa ne kadar göstermezsen açlığını, o kadar aç kalmaya devam edersin. Ambulans gibidir hayat, sirenleri çalmadığında kimse yol vermez.

Sonuç olarak garanticiliği bir kenara bırakıyor ve risk alma toleransımı artırıyorum.

***Çözüm üreteceğim:** Bu aşamaları geçtikçe yeni deneyimler kazanacağım muhtemelen. Gerek karşı cinse yaklaşırken gerekse sosyal ortamlarda konuşmam gerekenler konusunda yeni bilgiler edineceğim. Kendimi ifade etmeyi, çeşitli konular ve sohbetler açmayı geliştireceğim.*

Artık bir olumsuz his yaşadığımda hemen paniğe kapılmayacağım. Bu hissin karşımdaki işin doğası olduğunu ve denedikçe de zamanla belki anlık bir keyifsizlik olacağını kabul edeceğim. Üzülebilirim, incinebilirim ama bu benim değersiz olduğum veya sevilmediğim anlamına gelmez. Kalıcı mutluluğum için geçici mutsuzluklara izin vereceğim. İşte bu da benim diyetim.

Bu değersizlik hissini çürütme telkinim var artık: "Ben bir bütünüm. Beni tek bir şey tanımlamaz. Ne işim, ne ilişkim, ne ailem, ne gelirim, ne eğitimim ne de başkasının algısı... Bu nedenle birilerinin beni ne beğenmesi ne de beğenmemesi beni değersizleştirmez, başarısızlaştıramaz. Çok farklı konularda çok farklı başarılarım var iken tek bir konudaki başarısızlığım veya karşılık göremeyişim beni değersizleştirmez. Eğer o konuda da kendimi geliştirirsem, başarabilirim.

Değerli olmak için illaki başarılı olmam veya başkaları tarafından beğenilmem gerekmez. Ben insan olarak da değerliyim. Ne yaşarsam yaşayayım veya ne sonuç alırsam alayım, değerimi test etmeyeceğim."

Sevgili Ahmet,

Sana ne başka biri ne de herhangi bir etken değer biçebilir. Göz rengin gibi değişmez bir şeydir *değerlilik*. Ne yaşarsan yaşa, değersiz olmazsın. Suçlu olsan, kaybetsen, iflas etsen, terk edilsen, aldatılsan veya çok daha başka değişkenler söz konusu olsa bile ... bunun tam tersi de doğrudur. Başarı da kariyer de makam veya mevki de seni değerli kılmaz. Sadece kendine olan güvenini yerine getirir. Onlarla değerli olmazsın. Olmaya çalışırsan, onlar olmadığında da değersizliğe bulanırsın.

Ancak konfor alanından çıkarsan gelişebilirsin. İlk başlarda biraz stres, kaygı, belirsizlik yaşayabilirsin. Belirsizlik seni ürkütebilir. Kaygıların nedeniyle her şeyin net olmasını istersin. Siyah-beyaz, evet-hayır, olsun-olmasın gibi... Lakin gerek sosyal gerekse romantik ilişkiler sonuç değil, süreç odaklı sistemlerdir. Zamanla yolunu bulur. "Olmayacaksa adım atmayayım... Olacaksa emek vereyim..." tarzı düşüncelerle başlamak mümkün değil. Olup olmayacağı, olumlu sonuç alıp alamayacağın senin süreçteki emeklerine göre şekillenecektir.

Adım adım ilerlemen gerekir. Üstelik her adım, yeni bir adımı getirir.

Ahmet, destek süreci ve farkındalık sondajlarıyla sonunda sahaya indi. İnsanlara çok rahat selam veren, sen aradın ben aradım yarışına girmeden istediği zaman arayan, yeni insanlarla tanışmak için kelime ve konu dağarcığını geliştiren bir tarzla güçlenerek yoluna devam etti.

Geçen hafta Ayşe ile karşılaştım. İki ay önce bilgisayarımın faresini kırmama neden olan iyi akşamlar dilediğimde cevap vermediği ânı konuşmak istedim.

Ahmet: *"Aaa, merhaba Ayşe, nasılsın?"*

Ayşe: *"Merhaba Ahmet, iyiyim... Sen?"*

Ahmet: *"Ben de iyiyim, çok teşekkür ederim. İşler nasıl, yoğun mu sizin departman?"*

Ayşe: *"Evet ya, çok yoğun. Bir de son iki aydır şirket birleşmeleri yapıldığı için dosyaları eve götürüyorum."*

Ahmet: *"Tahmin ettim."* (Gülümseme...)

Ayşe: *"Nasıl yani? Çok mu belli oluyor halimden?"*

Ahmet: *"Ya sanırım iki ay önce falandı, servisten inerken sana iyi akşamlar dedim, ama bana baktığın halde cevap vermedin."* (Gülümseme)

Ayşe: *"Ya inanmıyorum. Çok özür dilerim. Gerçekten fark etmedim. Bildiğin bakan kör olmuşum desene. Zihnim sürekli iş iş iş diye konuşuyor. Yoksa sana cevap vermez miydim? Tekrar çok özür dilerim."*

Ahmet: *"Yo, estağfurullah. Tahmin ettim zaten."*

Ayşe: *"Ya istersen bugün öğlen beraber yemek yiyelim hem biraz sohbet ederiz. Ben de zihnimi biraz frenlemiş olurum."*

Ahmet: *"Bence de güzel olur. O halde saat 12.00'de kapıda görüşürüz."*

Ahmet, burada düğümü çözmüş, zihin okumalarını çürütmüş, başkalarının gözündeki kendilik algısını sadece bir dakikalık tek bir egzersizle sonlandırmıştır. Bütün bunlarıysa sadece Ayşe'nin ona olumsuz tepki vermesi, terslemesi veya eleştirmesi gibi zihin okumalarına esir olmayarak ve "En kötü, biraz kendimi kötü hissederim," demesiyle çözmüştür. Eğer bu adımı atmamış olsaydı zihninde yaşamaya devam edecekti. Cesaretini, riski göze almakla kazandı.

Hata yapmaktan korkan,

mükemmeliyetçi olur.

Hayatın akışından korkan,

kontrolcü olur.

Yalnızlığından korkan,

aşırı sosyal olur.

Başarısız olmaktan korkan,

kaçıngan olur.

Dışlanmaktan korkan,

tavizkâr olur.

Sevilmemekten korkan,

kendinden olur.

KURBAN TUZAĞI

Benim adım Aslı.

Kod adımsa kurtarıcı. Evlenene kadar beni dışarıda çok güçlü, herkese koşan, iş beceren olarak bilirlerdi. Çevrem adeta kurbanlarla doluymuş da haberim yokmuş.

Tabii ne oldu? Gittim bu profesyonel özelliğimi aktive edip sürekli beni online tutacak birini buldum.

Kimdi o? Enver.

Enver, kaygılı bir anne ile işkolik bir babanın tek çocuğuydu. Annesinin kaygıları nedeniyle Enver, hep bir kadına ihtiyaç duyacak şekilde büyütülmüştü.

Bu öyle bir kısırdöngü ki her bağımlılığın altında bir kaygı yatar ve bağımlı kişi, diğer insanların da kendisine bağımlı olmasını ister.

Annesi sorunları büyüten, küçük bir aksaklıkta panik yaşayan biriydi. Enver de hayata böyle bakıyordu.

Enver ile matematik bölümüne başladığımda okulun ilk haftası tanışmıştım. Aynı sınıftaydık, arka sıramda oturuyordu. Üçüncü gün çok telaşlı bir halde, "Eyvah ne yapacağım şimdi?" diye söylenirken duydum onu. "Ne oldu?" diye sorduğumdaysa, "Kalemimi ve defterimi unuttum," demişti. Hemen onu rahatlatmaya, bendeki yedek kalemi vererek, bu durumun bir sorun olmaya-

cağını anlatmaya başlamıştım. Şimdi dönüp baktığımda, "Açılın ben kurtarıcıyım!" dediğim an, işte tam da o anmış. Enver bu tavrımdan o kadar etkilenmiş olacak ki defalarca teşekkür etti.

Sonrasında da her sorun yaşadığında, her belirsizliğe düştüğünde bana sormaya başladı. Tabii ben ne yaptım? Emziren bir terapist gibi sürekli günü kurtaracak çözümler bulmaya ve bu durumdan beslenen biri olmaya başladım. O zamanlar böyle düşünerek yapmıyordum, şimdi baktığımdaysa meğer o, sorunları çözüldüğü için besleniyor, ben de onun sorunlarını çözdüğüm için besleniyormuşum. O bana ihtiyaç duyuyor, ben de onun bana ihtiyaç duymasına ihtiyaç duyuyormuşum.

Zamanla sevgili olduk ama ben nedense onun annesi gibi hissediyordum kendimi artık. O kurtarıcı rolüm nedeniyle onun bencilce davrandığını düşünüyordum. Ara ara sorumluluk almasını ifade ettiğimdeyse tepki veriyordu. Zamanla ben artık onu, taleplerini, beraberinde getirdiği yüklerini kaldıramayacağımı anladığımda öfkelenmeye başlayacaktım. Artık sürekli laf söyleyen, laf sokan, hatta bazen bir çocuğu azarlarmış gibi onu azarlayan biri oluyordum. O kurtarıcı Aslı, zamanla zorba bir Aslı'ya dönüşüvermişti. Kendime inanamıyordum. Elimle yaptığım her şeyi dilimle yıkıyordum. En çok fedakârlık yaptığım kişiye çok kötü davranıyordum.

Zannediyordum ki ben bu insanı belli bir noktaya getireceğim ve sonrasında üstümdeki tüm yükleri alacak ve ilişkimize özgür iki birey olarak devam edeceğiz. Olacak mıydı gerçekten?

Tabii ki hayır. O benim kurtarıcı yanımı sevmişti. Yani kurtarıcı Aslı ile kurban Enver'in ilişkisi üzerine kurulmuştu bizim ilişkimiz. O beni kullanmadı aslında. Ben en başta bana kalan rolü üstlendim. O da bu durumu kabul ettiğimi düşünerek yola çıkmıştı. Yıllar sonra ben kuralları değiştirmek istediğimde ise çatışma başladı.

Enver ile ilişkimiz tahmin ettiğin gibi kötü bitti. Ben onu sorumsuzlukla suçladım, o da beni ikiyüzlülükle. Melek gibi görünüp şeytanlığımı gizlemekle itham edecek kadar ileri gitti. Neymiş; ben önce harika ve yardımsever biri gibi davranmışım, onu olduğu gibi kabul etmişim, ama sonrasında içimden bir zalim çıkmış. Ona hakaret ediyor, eksiklerini yüzüne vuruyormuşum.

Bu sözlerden canım çok acımıştı. Ben zalim veya ikiyüzlü biri falan değildim. Bu kadar emek verdiğim bir ilişkiden böyle ayrılmak haksızlıktı.

Çıkardığım dersleri sorarsan:

- *En baştan kimseye kurtarıcı tarafını göstermeyeceksin.*
- *Karşıdakinin her şeyini üstlenmeyeceksin.*
- *Arkadaşına veya eşine ebeveynlik yapmayacaksın.*
- *Sadece tanıdıkça devamına karar vereceksin. İleride değişir diye bir ilişkiye yatırım yapmayacaksın.*
- *Kurtarıcı rolünden beslenmelerini sağlıklı kaynaklara aktaracaksın.*

Durumsal değil de süreklilik arz edecek
roller çıktığında sürdüremeyecekseniz en başta
bunu ifade edin ve üstlenmeyin.
Çünkü yıllar sonra,
"Ben artık yoruldum biraz da sen devral,"
dediğinizde bu rolleri yerden alacak
kimseyi bulamazsınız.

Küçük yaştan itibaren kurtarıcı olmuşsan, en zayıf noktan suçlanmak olur. Seni suçluluk hissinden yakalayan biri sana her istediğini yaptırabilir, hem de sana hiçbir şey vermeden.

Belki sorumsuz baban, belki sürekli hasta bir annen, belki mükemmeliyetçi veya narsist ebeveynlerle ya da bakım verenlerle büyüdün. Sorumsuz, bencil veya hasta ebeveynin kurban rolünü oynayarak seni daima sömürdü. O minicik yaşında bile onların yüzünde bir gülümseme oluşturmak için kendini paraladın yıllarca. "Bir şeyler yapmalıyım, benim de sorumluluğum var," diyerek kendince çabaladın. Annen, "Sen olmasaydın babana veya bu evliliğe katlanmazdım," diyerek yükü sana bindirdi. Kendince annene yardımcı olmaya çalıştın. Hatta onların bıraktığı ebeveynlik boşluğunu doldurarak kardeşlerine bile ebeveynlik yapmaya çalıştın.

Ebeveynin hem sorumsuzdu hem de seni suçluyordu istediklerini yapmadığında. Tabii sen de bir süre sonra buna inandın.

Ne acıdır ki çoğu sorumsuz ebeveyn, sözde güçlü çocuklar yetiştirir. Evet sözde... Neden mi?

Onları geliştirmek adına yaşlarından büyük yükler yüklerler. Sevgiyi ihmal ederek, sözde sevgiye ihtiyacı olmayan biri yapmaya çalışırlar. Bazıları bilgisizlikten, bazıları sorumsuzluktan bazıları da kurban rolüyle bunu yaparlar konforları için.

Çünkü çocukları güçlendirmek adına küçük yaştan itibaren onlara çok büyük yükler yükler ve bu sayede çocuklara karşı olan sorumluluklarını yerine getirmezler.

Hasta olan kişinin en büyük silahı *hastalığıdır*. Hastalık sayesinde hem diğer insanların ondan bir şey istemesinin önüne geçer hem de hastalığı üzerinden istediği her şeyi yaptırır.

Narsistin en büyük silahıysa *kendini yüceltirken ötekini küçümsemektir*.

Narsist ebeveynler çocuğa sürekli kendini yetersiz hissettirir, eksik hissettirir. Çocuk ise yıllarca kendini ebeveynine kanıtlamak için ona hizmet eder, onun onayının peşinde koşar.

Mükemmeliyetçinin silahı da *fedakârlık ve garanticiliktir*.

Mükemmelliyetçi ebeveynler hataya tahammül edemeyen, kontrolcü, eleştirel ve hep haklı tavrıyla çocukta hem değersizlik hem de yetersizlik hissine sebep olurlar. Kendi yorgunluğunu ve kuralcılığının bitkinliğini çocuklara yükler; ayrıca enerjisini başka alanlarda harcadığı için tahammülü düşüktür ve çocukları sürekli tetikte yaşar.

Sen birinin sana ihtiyaç duymasına bağımlısın.

O ise sürekli ihtiyaçlarını giderecek birine bağımlı.

Eş bağımlılık...

Şimdi bu sahnelerden herhangi birinde olduğunu düşün. Sence nasıl bir psikolojin olur yetişkinliğinde?

Ben söyleyeyim:

İyi bir kurtarıcı.

Dışarıda güçlü ama içeride zayıf ve kırılgan.

Başkası tarafından duygusal manipülasyona açık.

Tahammülsüz ve öfkeli biri.

Zamanında ebeveyninin çok fazla istismar ve ihmaline maruz kaldıysan eğer, profesyonel bir kurtarıcı oluyorsun. En baskın özelliğin *kurtarmak, tamir etmek.* Doğal olarak da bağımlıyı, narsist, dominant, sorumsuz kişiyi mıknatıs gibi çekmek.

Çekmeye çekersin de işte ikinci bölüm orada başlıyor. Belli bir zaman sonra onların yüklerini kaldıramaz hale geldiğin için önce bunalırsın ve ardından kendini ihmal ettiğin için de kurtarıcısı olduğun kişilere karşı zorbaca tavırlar sergilersin. Yorulduğun için gitgide sesi yükselen, onları sorumsuzlukla suçlayan biri oluverirsin.

Öfkeli, küçümseyen ve onlar için bir şey yapmayan birisindir artık.

(Zimberoff, *Kurban Tuzağından Kurtulmak* adlı kitabında bu üçgeni kurbanın başka bir ilişkide kurtarıcı, en sonunda da zorba olmasıyla açıklıyor).

Yıllarca senin sorumluluğunda olmamasına rağmen başkalarının yükünü taşımayı kendine bir görev sanırsın ve sonunda öyle bir noktaya gelirsin ki en çok fedakârlık yaptığın, en çok alttan aldığın, en çok taviz verdiğin kişiler, en çok tahammül edemediğin kişilere dönüşür. Yani bir süre sonra emeklerini yine kendin sözlerinle değersizleştirirsin.

Büyük emekler verdiğin insanlara ve ilişkilere kötü davranmaya başlarsın. Yorgunluk, kendini ihmal etme ve keyifsizliğin getirdiği haklılık düşüncesiyle zorba davranışları göstermekten çekinmezsin. Karşındaki insanların da bunu hak ettiğini düşünürsün.

Oysa esas sorun: *Dengesiz vericiliğin, kendi hayatını yaşamayı bilmemen ve içten içe de bu kurtarıcılıktan beslenmen.*

Elbette amacım seni suçlamak değil, sadece ayna olmak. Sen de sonuçta bir kurbandın en başta. Sonra kurtarıcı olduğunu sandın. Sonra bir de baktın ki zorbaca davranışlar gösteriyorsun ve işte yine kurbansın.

Önce ailende kurbanın kurbanı oldun. Sonrasında profesyonel kurtarıcı kimliğinle yeni kurbanlar bulup onları kurtarmaya çalışırken tekrar kurban oldun. Kurbanın tuzağına düşmüşsen bir kere, bir yandan iyi bir kurtarıcı olurken diğer yandan da kendini unutan bir kurban olduğunu fark edemezsin.

Peki bu durumda nasıl bir yol izlemelisin?

- Her şeyden önce ilişkilerindeki dengeyi gözden geçirmen gerekir. Kazan-kazan ilişkiler yeni hedefin olmalı. Sadece senin emeğinle ve senin idare etmenle yürüyen ilişkinin toksik olduğunu kabul etmelisin.
- Senin kurtarıcılığına âşık, seni daha çok sorun çözen, dert dinleyen, yardım eden biri olarak gören insanlara karşı yavaş yavaş sınırlar çizmeye başlamalısın. Bunun elbette bazı bedelleri ve

sancıları olacak. Seni eleştirenler, eskisi gibi kullanamadıkları için suçlayanlar olacaktır. Ama yine de ya bu *yeni seni* kabul edecekler ya da ilişki yerine kişiliğini seçeceksin.

- Bugüne kadar kurban/kurtarıcı ilişkisi kurduğun sistemlerden, birdenbire değil ama yavaş yavaş geri çekilmelisin. Onlara sorumluluk alacakları alan bırakmalısın. Unutma: iş başa düştü mü herkes başının çaresine bakabilir.
- Şimdi sıra seninle ilgili bölüme geldi:
- Kurtarıcı olmak, duygusal yoksunluğunu gideriyorsa, kendini daha değerli hissetmeni sağlıyorsa, yalnızlık hissini azaltıyorsa, bunlar için daha sağlıklı giderme kaynakları bulmalısın. Spor, sanat, sosyal ilişkiler, iş hayatı, üretim, hobi gibi.
- Şayet kendini mutlu etmeyi bilmiyorsan, dönüp dolaşıp ya kurtarıcılıkla kendini meşgul edecek ya da sen de kurban rolünü eline alacaksın. "Beni ne mutlu ediyor?" sorusunu kendine sürekli sor ve en az altı aylık bir keşfetme sürecine gir.
- İlişkilerine kurtarıcı kimliği dışında başka roller koy. Anlatacak bir şeylerin olsun. İlişkiye değer kat, sadece çözüm katma. İnsanların cüzdanındaki kartvizitinde tamirci yazmasın.
- Bir yerde hata, aksaklık, eksiklik gördüğünde onu düzeltmek yerine önce, "Bu benim sorumluluğum mu? Benden talep eden var mı?" diye sor. Bazen "Bana ne!" demek en güzel arınma yoludur.

YA HEP YA HİÇ BLOKAJI

Her şeyi eksiksiz yapmak, risk almamak, *eksik olursa ben de eksiğim* gibi düşüncelerimizden dolayı çoğu zaman ilk adımı atamıyoruz. Dolayısıyla yaşamı dengede yaşamayı kaçırıyoruz.

Bir şeyi yaparken başka her şeyi ihmal etmek, onu yapmak içinse her şeyin tamamen uygun olmasını beklemek yüzünden hiçbir alanda ilerleyememek gibi...

Evlendiğinde kendi hayatından vazgeçenler, işe girdiğinde eşini ihmal edenler, anne olduğunda tüm beslenme kaynaklarından kopanlar gibi... Oysa insan aynı anda birçok rolü sürdürecek potansiyele sahiptir. Anne/baba, eş, çalışan, insan, vatandaş, akraba, arkadaş vs...

Her şeyi ya en iyi şekilde yaparım ya da hiç yapmam tarzımız, sadece güvenli alana sıkışmamıza ve yeni bir adım atamamamıza neden olur.

Dilek, işte böyle bir bakış açısıyla tam dört yıldır spora başlayamıyor, çünkü mevcut kısırdöngüden çıkamıyordu. Aslında o kısırdöngünün nedeni yaşamı değil, yaşama yüklediği anlam ve sürdürme şekliydi.

Spora başlamayı, çeşitli mantıklı gerekçelerle destekliyordu Dilek, "Sağlıklı olmam, kilo vermem, kendimi daha iyi hissetmem ve sosyalleşmem için spor yapmam şart," diyordu. Oysa hep bir şey oluyor ve bu kadar motive olmuşken bir türlü başlayamıyordu. Çünkü, "Öyle bir zamanda başlamalıyım ki hiç aksatmamalıyım!" şeklinde mükemmeliyetçi bir düşünce tarzına sahipti. Çocuklar, iş hayatı, ev işleri derken bir türlü kesintisiz spor yapacağı bir zaman aralığı olmuyordu zaten. Hatta iradesi dışında zorlayıcı olsun diye ağustos ayında bir yıllık üyelik sözleşmesi yapıp peşin bile ödemiş ama yine işe yaramamıştı.

Görünüşte iki şey var: Dilek'in spora başlaması için işleri ve sorumluluklarının azalması ya da spor sevdasından vazgeçmesi gerekecek.

Birinci seçenek mümkün değildi. Çünkü yaşam tarzı buydu. İkinci seçeneği düşündüğündeyse canı acıyor, kötü hissedip kendini suçluyordu. "Başarısızın tekiyim... Kendim için bir spora bile gidemiyorum," diyordu. Bir yandan da içten içe eşine kızıyor, çocuklarına da daha tahammülsüz ve sinirli davranıyordu.

O gün Dilek seansımızda sadece bu konuyu ele almak istedi.

"Neden spor salonuna kesintisiz gitmek zorundasın?"

Dilek: *"Çünkü diğer şekilde sonuç alamam ve muhtemelen bırakırım."*

"Peki arada sırada gitmek, hiç gitmemekten daha iyi olamaz mı?"

Dilek: *"Elbette daha iyi ama ben yarım iş sevmem."*

"Yani ya hep ya hiç, siyah beyaz gibi mi?"

Dilek: *"Of ya hocam yine mi benim mükemmeliyetçi tarzıma geldik. Ama bir şeyi tam yapmayı istemenin ne kötülüğü olabilir ki?"*

"Biraz üzüldün sanırım."

Dilek: *"Evet artık bu siyah beyaz tarzımdan dolayı hiçbir şey yapamaz, hiçbir karar alamaz hale geldim."*

"Hazır -meli / -malı' düşünce yapından bu kadar şikâyetçiyken, bununla yüzleşmek ve yeni bir yol denemek ister misin?"

Dilek: *"İstemez miyim, ama nasıl?"*

"Mesela adım adım ilerleme ilkesini denemek işe yarar mı?"

Dilek: *"Ya devam edemezsem?"*

"Zaten ödemesini yapmıştın değil mi?"

Dilek: *"Evet."*

"O halde ne kaybedeceksin?"

Dilek: *"Haklısınız ama yıllarca hep kendimi bu fikre inandırdım; gideceksen tam git diye. Sanırım başka türlü gidemeyeceğim."*

"Şayet bir sonraki görüşmeye kadar tek bir kez bile gidebilirsen, o gün salonda yaşadıklarını, düşüncelerini, hislerini not almanı isterim. Spora gitmeyi seans ödevi olarak görmeni istiyorum."

Dilek: *"Peki."*

Bir sonraki görüşmeye Dilek, yüzünde kocaman bir gülümsemeyle geldi. Görüşme saatinden otuz dakika önce bekleme salonunda beklerken bir ara göz göze geldik. Gülümseyip el salladı. Yanına gittim ve "Hoş geldin!" dedim. Cevap olarak "Ödevimi yaptım," dedi doğrudan. "Peki, birazdan görüşürüz," dedim.

"Nasıl geçti haftan?"

Dilek: *"Hocam spora gittim. En çok da ödev olarak düşünüp gittim. İçeri girerken kendimi bir tuhaf hissettim. Sanki herkes beni inceliyor gibi geldi. Sonra egzersiz yapmaya başladım. Isınma hareketlerinden sonra koşu bandına çıktım ve en sonunda da havuza girerek tamamladım."*

"Uzun süre mi kaldın salonda?"

Dilek: *"Hem de nasıl! Zihnimde yürüyüş bandında otuz dakika yürüyüp duş alıp çıkmak vardı ama ben papatya çayı keyfi de derken 2,5 saat kaldım."*

"Hislerinden bahsetmek ister misin?"

Dilek: *"Ah hocam, ne çok kendimi paralayıp zorlamışım. Neymiş, illa tam olacakmış her şey. Şimdi düşünüyorum da bir gün bile gitsem bana bir hafta yetiyormuş."*

"Nasıl?"

Dilek: *"Hafta boyunca kendimi gevşemiş hissettim. Kendim için bir şey yapmanın mutluluğuyla daha sakindim. Kendimi daha değerli hissettim. Çocuklara karşı oldukça anlayışlıydım, eşime daha sevgi dolu yaklaştım. Sorun aslında zaman, iş, eş, çocuk değil, benim organize olmama engel olan düşünce yapımmış."*

"Sonra ne yaptın?"

Dilek: *"Pazartesi spor salonuna gitmiştim ya, perşembe tekrar gittim. Ne tesadüf eski mahallemdeki Fatma'yla kar-*

şılaştım. O da spor salonuna geliyormuş. Perşembe günü salonda onunla beraber spor yapıp çıkışta da kahve keyfi yaptık. Bildiğiniz sosyal alanım oluştu aniden. Haftaya da beraber gideceğiz."

"Ya bazen aksama olursa?"

Dilek: *"Olsun hocam, sonuçta artık arada bile gittiğimde hiçbir şeyin değişmediğini, gittiğim andan itibaren sürecin başladığını görüyorum."*

"Bu yeni bakış açını bana özetler misin?"

Dilek: *"Ben eskiden hayatımda bir sorun varken başka bir şeye odaklanamıyordum. İlla ki önce o sorunu çözmek ardından normal hayatıma geçmek zorunda hissediyordum kendimi. Şimdi ise hayatımda tamamlanmayan bir konu olsa bile yaşamı dondurmuyorum. O sorunun çözümü ile yaşamın diğer alanlarının akışını ayırt ediyorum. Mesela iş yerinden işim bitmeden de çıkabilmeyi başarıyorum. Spora gideceğim zaman en uygun zamanı değil, yeterince uygun zamanı buluyorum. Diğer yandan ya tam gideyim ya da hiç gitmeyeyim demek yerine, ne kadar gidersem kârdır diye bakıyorum."*

"Çok güzel yorumladın. Yaşamın tadını çıkarmak için her şeyin tam olmasını beklerken yaşamı kaçırırız."

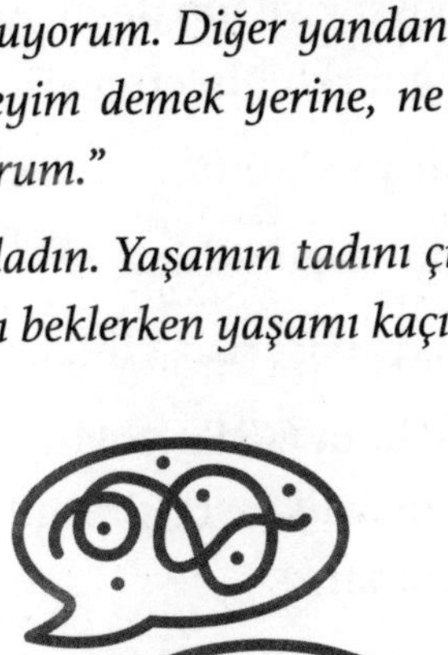

Şayet Dilek, bir deneme yapmasaydı o zihinsel kafesten yıllarca çıkamayacaktı. Denemek için birçok şeyin tam olmasını beklemiş olsa muhtemelen yeni engeller veya sorunlar çıkacaktı.

Hayatı boyunca bu mükemmellik, onun hem karar almasını engelleyecek hem de alamadığı kararlardan dolayı kendini yetersiz, başarısız hissetmesine neden olacaktı.

Zihnimiz iç konuşmalarla, başkalarının telkinleriyle değil, sadece ve sadece somut eylemlerle ikna olur. Sözün bittiği yer dediğimiz nokta, davranışın çıkması gerektiği noktadır.

Yıllardır düşünüp düşünüp adım atamadığın bir şey yaşıyorsan, hemen küçük somut adımlara geçmelisin.

-meli / -malı tarzı düşünmek de bizi kilitliyor. Sanki o istediğimiz şey olmadan hiçbir şey olmayacakmış gibi düşünüp yaşamın diğer alanlarını da bloke ediyor, anlamsız kalmış gibi hissediyoruz.

Mükemmeliyetçiysek ve 100 değil 99 aldıysak, kendimizi 10 almış öğrenciden farklı hissetmeyiz.

Bir ilişki ya iyidir ya kötüdür.

Bir insan ya iyidir ya kötüdür.

Ya başarılıyız ya da başarısız gibi...

Mükemmeliyetçilerin GRİ'si yoktur. Sevmezler gri rengi. Hatta gri onlara belirsizlik ve boşluk gibi gelir adeta. Bazıları da bunu öve öve anlatır:

"Ben net biriyim. İçim dışım birdir. Ne istediğimi net olarak söylerim."

Ben de sorarım; "Ne istiyorsun peki?"

Cevap şöyle gelir: "İşte hocam sorun da bu... BİLMİYORUM!"

Bu kadar keskin olan insanların karar ver(me)me sorunu vardır. Çünkü sanki iki seçenekleri vardır hep. Oysa hayat grisi olanlara güzel. Ya hep ya hiç yerine, "Değiştirebilirim, bir süre denerim, olmazsa başka seçenek bulurum," demek bizi kurtarır.

Gerek obsesif mükemmeliyetçilik gerekse narsistik yanımızın, mükemmeliyetçiliğin temelinde sevgi yoksunluğu ve değersizlik yatıyor. "Başarılı olmazsam sevilmem, başarılı olmadıkça değerli olamam," şeklindeki düşüncelerinin tezahürüdür bu.

Nereden mi bulaşıyor? Tabii çoğunlukla aileden veya bizi büyüten kişilerden. Seni sen olarak benimsemeyen aile, seni hep olman gerektiği gibi yönlendirir. Ailenin hata yapma opsiyonu yoksa (çoğunlukla ebeveyn), senin karar verme sorunun olur. Öte yandan ailenin yüksek standartları var ise bu sefer de o standartlara ulaşmak uğruna hayatını harcarsın. Çünkü iç sesin, "Ancak o seviyeye ulaşırsan gerçek başarıyı elde etmiş olursun," der. Bu, bazen eleştirel ebeveyn bazen de ailenin narsistik yapısının getirdiği, "Bize bu yakışır, bize yakışır bir çocuk ol," telkinleriyle zihnimize kazınmıştır.

Dilek, spor salonuna gitmek için her şeyin tam olmasını istiyordu. Birkaç parçanın eksik olması durumunda mutsuz olacağını ve o belirsiz durumda aklının eksik parçalarda kalacağını düşünüyordu. Oradaki belirsizlik, huzursuzluk, spora tam odaklanamama zannından öte değildi.

Her şey tam olmazsa (ya hep ya hiç) ne yaşayacağını bilmeyeceğinin belirsizliği onu daima *hiç* kısmına atıyordu.

Eğer belirsizliğe tahammül edemeyen biriysen, gri, flu, belirsizlik senin damarına basmaktır. İstersin ki her şey net olsun. Peki neden?

Çünkü: Belirsizlik demek, her an kötü bir şey olabilir demektir. Belirsizlik demek, kontrolü her an kaybetmek demektir. Belirsizlik demek, savunmasızlık demektir. Belirsizlik demek, sürekli tetikte olmak demektir.

- Bir adım atmak için her şeyin dört dörtlük olması, özellikle bu şartlarda neredeyse imkânsız. Her şeyin oluşmasını beklemek yerine adım adım ilerleyeceğin bir plan yapmalısın. Belki de hiçbir zaman istediğin mükemmel zaman gelmeyecek, ama sen adım adım yine de ilerleyeceksin.
- Dengeli bir yaşam sürmek istiyorsan, sonuç odaklı olmaktan, süreç odaklı olmaya geçmelisin. Sürecin içindeki olumlu duygular daha uzun sürelidir. Sonuç ise ilk başta keyif verir ama sonrasında sıradanlaşıp yeni bir hedef oluşturmak zorunda kalırsın.
- "Mükemmeliyetçiyim," diye övündüğün şey; onay, takdir ve kendini kanıtlama motivasyonundan başka

bir şey değildir. Kendini hâlâ kime kanıtlamaya çalışıyorsun?

- Mesela bu hayatta kime kendini kanıtlamaya çalışıyorsun? Veya kimin eleştirisine katlanamıyorsun? İşte korku kaynaklı motivasyon, mükemmeliyetçiliği doğurur. Çözümüyse o kaynağı bir daha sorgulamaktır... Kendine şunu sor: O insanları neden müfettiş yaptım kendime?
- Her şey tam olmasa bile sen değerlisin. Sen bu hayata geldiğinde hiçbir başarın yokken bile çok değerliydin.
- Kendine bu kadar acımasız olmak zorunda değilsin. Sürekli en iyi olmak sana kendini daha iyi hissettirmeyecektir.
- Motive olma noktan nedir, bunu bulabilir misin? Mesela her şeyin tam olması mı? Bunun yerine ondan alacağın mutluluğu hayal edebilirsin.
- Ya hep ya hiç düşüncesi, hayattaki mutlu olma şansını ikiye indirgemektir. Düşünsene, ya mutlu olacak ya da olmayacaksın. Ne kadar acı ve insafsızca değil mi? O halde 'ya hep ya hiç' yerine ortaya bir gri koyabilirsin. Hatta yeni B, C, D planları koyabilirsin.
- Kendine veremediğin hangi değeri başkasından almaya çalışıyorsun? Üstelik uyumlu, başarılı, iş bitiren biri olarak. Yani kusursuzluk arayışı, hatasız çalışma veya en iyisini arama içsel değersizliğe bir ilaç olarak düşünülür. Oysa ilaç zannettiğin şey, yeni zehirlerden başka bir şey değil.

- "Şu konu nasıl? Ne olacak diye korkuyorum? Her şey istediğim gibi, kuralına göre olmazsa, bir şeyler de eksik olsa ne olacak diye korkuyorum?" sorusunun cevabı, "Bilmem, içim rahat etmiyor" ise çözümü yüzleşme ve maruz kalmayla deneyimlemek olacaktır. Dene! Bir şeylerin istediğin gibi olmamasına bir süre tahammül et. Eksik ve tam zamanında olmamasına rağmen o spor salonuna bir kez de olsa git. Bakalım ne hissedeceksin? Bir ilişkide her şey tam olmasa bile dene bakalım. Eksiğin azlığına değil de varlığın çokluğuna bir odaklan istersen. Mükemmeliyetçiliğin, siyah-beyazın, ya hep ya hiçin ilacı: Denemek, bir süre gri ile yaşamayı denemek... Korkma her şey kontrolden çıkmayacak. Eğer çıkarsa onu, o zaman düşünürsün. Zaten toparlamak ve kontrol etmek konusunda mükemmel bir uzmanlığın var. İstediğin zaman yön verirsin. Yani sürekli kontrol etmek yerine, gerektiğinde yön vermek gibi... Hem daha az emek harcayıp hem de yeri geldiğinde daha doğru müdahaleler yapmış olmaz mısın?
- Son olarak da hayatı *gride* de yaşayabilirsin. Yani akışına bırakarak. Yani her şeyin en iyisi düşüncesinden veya her şeyi kontrol etmekten vazgeçerek.

KENDİMDEN ÖZÜR DİLİYORUM

Kendimden özür diliyorum.
Hatalarımı büyütenlere fırsat verdiğim
Beni çekemeyenlere kendimi anlatmaya çalıştığım
Küsmeye bahane arayanların peşinde koştuğum
Sevmeye kendimi sevdirmeye çalıştığım için.

Kendimden özür diliyorum.
Konuşmam gereken yerde sustuğum
Ağlamam gereken yerde gözyaşımı içime akıttığım
Elâlem ne der diye uyumlu davranıp
Maskeyle yaşadığım için.

Kendimden özür diliyorum.
Zayıflara yaslandığım
Güvensizlere bel bağladığım
Duygusuzlara yalvardığım
Beni bilerek anlamak istemeyenlere dil döktüğüm için.

Kendimden özür diliyorum.
Değişmeyecek insanlara emek verdiğim
Anlamsız ilişkilere anlam yüklediğim
Kendini üstün görene itibar ettiğim
Beni küçümseyene izin verdiğim için.

Kendimden özür diliyorum.
Güçlü görünmek adına her şeyi sırtladığım
İhtiyacım yokmuş, sorunsuzmuşum gibi yansıttığım
İnsanlara sorumluluk alanı
Kendime de mutluluk fırsatı vermediğim için.

Kendimden özür diliyorum.
Haklı olduğum halde özür dilediğim
Haksız olanı kaybetmemek için idare ettiğim
Kendi değerimi başkasının insafına bıraktığım
Kendimi mutlu etmeyi ihmal ettiğim için.

Serhat Yabancı

KIRIK CAMLARIM

Kırık Cam Teorisi ABD'li suç psikoloğu Philip Zimbardo'nun 1969'da yaptığı bir çalışmadan yola çıkılarak geliştirilmiştir. Zimbardo, suç oranının yüksek olduğu, fakir Bronx ve daha yüksek yaşam standardına sahip Palo Alto bölgelerine birer 1959 model otomobil bıraktı. Araçların plakası yoktu, kaputları aralıktı. 24 saat beklediler. Sonuçta Bronx'taki otomobil üç gün içinde baştan aşağıya yağmalandı. Diğerineyse bir hafta boyunca kimse dokunmadı.

Ardından Zimbardo ve iki öğrencisi *sağ kalan* otomobilin yanına gidip çekiçle kelebek camını kırdı. Daha ilk darbe indirilmişti ki çevredeki zengin ve beyazlar da olaya dahil oldu. Birkaç dakika sonra otomobil kullanılmaz hale gelmişti.

Tarihe *Kırık Cam Teorisi* olarak geçen bu olay, tavizlerin ve zayıf taraflarımızın sömürülmesi için güzel bir örnek olarak yorumlanabilir.

Diyelim ki yeni biriyle tanıştın. İlk söylediğin şey: "Önceki tüm ilişkilerimde tüm sorumlulukları ben üstlenirdim," sözü olsun. En baştan bu yönünü kullanıma açık hale getirebilirsin. Karşıdaki bir süre sonra senin fedakârlıklarını da görev olarak sana yansıtmaya başlayabilir. Tavizlerin bir süre sonra ödenemeyecek kadar bedel veya tamir edilemeyecek denli hasar bıraktığının göstergesidir kırık camlar.

İnsanlara doğrudan kırık camlarını gösterirsen, sağlam olanları da onlara hedef haline getirirsin.

Kırık Cam Teorisi hem tavizlerle ilgili hem de zayıf ve sömürülmeye açık alanlarla ilgili muazzam bilgiler veriyor bize. Bir kere o cam kırıldı mı gelen vurur giden vurur durumu oluşabiliyor.

Ferah, işyerinde sessiz sakin biriydi. Uyumlu olmasıyla, karşı koymaması ve verilen tüm görevleri itirazsız yerine getirmesiyle biliniyordu. Aslında bu durum onun, güvenli alanıydı. Hem onaylanıyor, hem gerginlik yaşamıyor hem de daha az eleştiriyle karşılaşıyordu. Lakin bir sorun vardı: Çalışanlar sürekli işleri ona paslıyorlardı. Neredeyse Ferah tüm mesai boyunca durmadan çalışırken, diğer çalışanlar sık sık kahve molası, oyun molası, telefon molası vererek daha az çalışıyorlardı.

Bu durum sonradan gelişen bir şey değildi. Ferah, muhasebeci olarak göreve başladı. Eğitimi de önceki deneyimleri de bu alanla ilgiliydi. Zaten işe kabul edilmeden önce yöneticiyle görüşmesinde sergilediği performansı ve geçmiş deneyimleri ile hemen kabul edilmişti.

> Ferah: *"İlk başlarda her şey yolunda gidiyordu. Şirketin üçüncü katında insan kaynakları, muhasebe, satış bölümü vardı. Yirmi kişi aynı yerde çalışıyorduk. Bir gün satışta çalışan Gaye, o gün bitirmesi gereken iş için yardım istedi benden. Ben de işimi bitirdikten sonra onun dosyasını aldım ve yazılı metni Word'e aktarmaya başladım. Bir saat sonra Gaye kahve içmek için dışarı çıktı ve en az bir saat gelmedi.*

Oysa o bir saatte kendi işini bitirebilirdi. Döndüğünde ise bana, 'Ne yaptın bitirdin mi?' diye sordu. Sanki patronmuş edasıyla. Tabii bugün böyle düşünüyorum. Ben de bitirdiğimi söyledim. O gün öyle geçti. Birkaç gün sonra yine Gaye benzer bir konuda yardım istedi. Ben tabii yine 'yardımsever' olarak kabul ettim ve bitirdim işi. Bir süre sonra satış bölümünden Fatma, İK'dan Ahmet ve Enes de bana iş paslamaya başladılar. Sanırım benim hayır diyemeyen ve onay arayan tarafımı (kırık camımı) görmüşlerdi ki artık bu göreve dönüşmüştü. Gitgide neredeyse kendi işimi yapamaz hale gelmiştim. İnsanlara bir kere o zayıf noktamı göstermiş, diğerlerinin de bunu fırsata çevirmesine izin vermiştim. Sizin dediğiniz gibi başlarda ilk darbeler ile açılan yol, sıradanlaşmıştı artık. Bir süre sonra işe gitmek istemeyen birine dönüşmüştüm. Arkadaşlarıma karşı ise içten içe öfke duyan ama yine de onlara gülümseyip hayır diyemeyen biriydim. Kendi kendime olan saygımı, sırf hayır diyemediğim ve ilk başta izin verdiğim için kaybediyordum."

Hepimizin kırık camları var. Travmalar, kaygılar hatta tatminsizlikler. Bu kırık camlarımız, onu sömürecek kişilerin eline geçtiğinde film başlıyor. Aklına şu geliyor olabilir: "Kimseye açık olmayayım mı? Hep sömürülme kaygısı ile maske mi takayım? Hiç mi kimseye güvenemeyeceğim? Hep kontrollü mü olacağım?"

Şöyle ki önce tanı, sonra içini aç. Tanımadan özelini, zaaflarını zayıflıklarını açarsan eğer kendini kötü niyetlilere, fırsatçılara, bencillere hedef haline getirebilirsin.

Tanıdıkça karar ve izin ver. İlk tanıştığın kişiye travmalarını açmak zorunda değilsin. Bu, seni samimi yapmaz, yakınlaşmanı sağlamaz. İlişkilerde derinlik için zaman, paylaşım ve iki taraflı emek gerek. Kaygılı tarafını, duygusal yoksunluğunu, zaafını veya iştah açıcı rolünü hemen göstermemeye çalış.

Diyelim biriyle tanıştın ve sürekli mağduriyetinden bahsediyor. Hemen kurtarıcı olma rolünü devreye sokma. Kendini onun hayatında öyle kodlarsan, onun vazgeçilmezi olursun. Daha doğrusu emeğin vazgeçilmez olur.

Kırık camlarımız ilkin çocuklukta oluşur. Ebeveynlerimizin ihmalleri, istismarları, işgalleriyle camlarımız kırılır. Bir süre sonra da bunu öyle bir normalize ederiz ki sömürülme ile görevleri bile karıştırır hale geliriz. Kullanılma ile sevilme, faydalı olma ile sömürülme, yeterli olma ile işe yarama kavramları birbirine karışır zamanla. Sınırlarımız erken çocukluktan itibaren aşılmışsa sonrasında bağışıklık direnci olmuyor ve ayrımı yapılamıyor.

Ebeveynlerimiz tarafından işgal edilmişsek başkasının işgal etmesi şaşırtıcı olmamaktadır. Tıpkı ilk işgalden sonra arkasının gelmesi ve kapının açık olması gibi.

En tehlikeli ebeveyn tipi:
Kendini mağdur ve âciz göstererek
istediğini yaptıran işgalci ebeveyndir.

İstediğini yapmadığınızda:
Sütünü/emeğini helal etmez.
Bayılır/tansiyonu çıkar.
Sizi akrabalarınıza şikâyet eder.

Onlar ne yazık ki çocuklarını
kendileri için dünyaya getirmişlerdir.

Sevgili Ferah,

Senin kırık camların...

Sevilmeme ve dışlanma kaygından doğan *hayır diyememen*... Eleştirilme, kendini değersiz ve yetersiz hissetme kaygından doğan *onay arayışın*... Kendi ihtiyaçlarının farkında olmamaktan kaynaklanan başkasının ihtiyaçlarını giderme şemalarındır.

Sen *kırık camlarını* tamir etmediğin sürece, sağlam camlarına da taşlar gelecek. Ayakta durdukça hedef olmaya devam edeceksin. Hayır diyemeyen kırık camın, yarın sağlam camın olan ekonomik gücüne de zarar verecek. Orası da artık sömürülme alanı olacak. Adım adım sağlam camların da kırılmaya maruz kalacaktır.

Birkaç kez kendini değersizleştirdin mi sonra daha acımasız olursun kendine ve artık daha sık yaparsın bunu.

Bir diyeti bozup artık acımasızca yemek gibi...

Bu başkaları için de geçerlidir.

Senin yaralı, özgüvensiz, pasif olduğunu veya sömürüldüğünü görenler daha rahat şekilde bunu yapmaya başlarlar zaten buna açık ve alışıksın diye.

Tıpkı soyguna uğramış, camları kırılmış başıboş bir aracın, yanındaki sağlam araca nazaran daha fazla saldırıya uğraması gibi...

Kırık Cam Teorisi deniliyor buna.

Bir ağacın altına bir poşet çöp atın, sonra bir poşet daha... Bir süre sonra oradan geçenler oraya çöp atmaya başlayacaktır.

İşte hayatta da böyledir.

Kimsenin seni geri dönüşüm kutusuna çevirmesine izin vermemelisin.

ALGINI DEĞİŞTİR DUYGUN DEĞİŞSİN

Çoğu zaman bizi inciten, öfkelendiren, kısacası rahatsız eden şey, kişinin davranışından çok, kişiyi algılama şeklimiz ve buna bağlı olarak davranışı kaynağa göre yorumlama şeklimizdir.

Aynı davranışı başka biri yapsa veya biz yapsak aynı şekilde yorumlamayabiliriz.

Şimdi örneklerle bu konuyu biraz açmak istiyorum:

Ortama biri geliyor ve kısa süre sonra kendini övmeye başlıyor. Anlatıyor, abartıyor, kibirli davranıyor ve sen gitgide rahatsız oluyorsun.

"Kendini beğenmiş, ukala biri," diyorsun içten içe. Sonra ona haddini bildirerek rahatsızlık hissini noktalamak istiyorsun. Onun bu tavrı belki de senin kendini değersiz hissetmene neden oldu ve sen ona haddini bildirerek (değersizleştirerek) kendi değer hissini geri kazanmaya çalışacaksın. Onu bir tehlike olarak gördüğün için bu aşamaları düşündün.

Şimdi bir de diğer açıdan bakalım:

Aynı kişi ortama girdi, kendini övüyor, anlatıyor ve abartıyor. Sen ise şöyle düşünüyorsun:

"Sanırım fark edilmek istiyor. Kendini değersiz hissettiği için farklı ve üstün davranarak değer görmeye çalışıyor..."

İkinci düşünce tarzında oluşacak muhtemel duygular ve davranışlar:

- Merhamet
- Acıma
- Üzüntü
- Yardımcı olma isteği
- Kabul gösterme ve ilgilenme
- Soru sorma
- Küçük bir iltifatla kendisini iyi hissetmesini sağlama
- Veya o yokmuş gibi ondan önce ne yapıyorsan öyle devam etmek

İşte bir davranışın bizim üzerimizdeki etkisini, algı ve yorumlarımızda biz belirlemiş olduk.

Bir örnek daha:

Eşinle tartışıyorsun. Bir konuda inatla geri adım atmıyor. Israrla kendi dediğini savunup kendini kapatıyor.

Sen ise onu bencil, inatçı, keyfi, saygısız olarak algılayıp, daha çok baskı yapıyor ve öfkeleniyorsun.

İkinci düşünce tarzında oluşacak muhtemel duygular ve davranışlar:

- Eşim geri adım atmayı zayıflık sandığı için geri adım atmıyor.
- Eşim, düşüncesinin sahibi olacağı yerde, düşüncesinin esiri olan zayıf bir karakter.

- Eşim, benim gözümde değersiz olacağını, geri adım atarsa sorun yaşatacağımı düşündüğü için inat yoluyla kendini korumaya alıyor.
- Aramızda hâlâ güven sorunu var. Ona güven vermeliyim.
- Hatasını kabul etmesi veya fikrini değiştirmesi halinde bunları kullanmayacağımı ona söylemeliyim.
- Ona destek olmalıyım.
- Daha fazla üzerine gitmek yerine sevgimi devreye koymalıyım.

Elbette alternatif düşünceyle her şeyi çözemeyiz. Üzüntümüzü engelleyemeyiz ama olaya farklı gözle bakmanın verdiği açıklıkla gerçek nedene uygun davranışlar sergileyebiliriz.

Yetişme tarzımız, genetik aktarımlar, sonradan kişisel kazanımlar ve kendimize yüklediğimiz anlamlar ile bir süre sonra belli olaylara belli otomatik anlamlar yükler, o anlamlarla da tutarlı davranışlar sergileriz.

Sevgili dostum. Şunu net olarak söyleyebilirim ki insanları çok fazla ciddi alıyoruz. Rastgele bir yorumu, öylesine yapılan bir hareketi hemen kendimize yontuyor, hemen şahsımıza bir saldırı, planlı ve kasti bir hareket olarak görüyoruz.

Yıllar önce bir aile danışma seansında erkek danışanım eşinin annesi nedeniyle boşanma noktasına geldiklerini, annenin her konuda yorum yapmasından bıktığını, eşinin de bu duruma ses çıkarmaması nedeniyle son noktaya geldiğini ifade etmişti. Eşi ise annesiyle başa çıkamadığını, ne söylerse söylesin annesinin ortamdaki eylem ve söylemlerini değiştirmediğini ifade etmişti.

Oysa erkek, hâlâ eşinin yeterince çabalamadığını ısrarla iddia ediyordu. İlerleyen seanslarda erkek danışanımdan iki üç örnek istedim ve karısına da bu durumda ne düşündüğünü soracağımı ifade ettim.

Erkek danışanımın örnekleri:

1. Kayınvalidem aldığım araba için, bu renkler artık tutulmuyor bence lacivert alarak hata yapmışsın, dedi.
2. Sizin Bodrum'da ne işiniz var, yazın köye gelin mis gibi köy havası alın işte, dedi.
3. Niye dolar aldın ki bizim Ayşe Hanım, altın çıkacakmış, dedi.

Kadın: *"Hocam, gördüğünüz gibi annem öylesine söylüyor işte. Mevzu açıldı mı konuşmak için konuşuyor."*

Erkek: *"Olur mu hocam, bilerek yapıyor..."*

"Kayınvalidenizin eğitimi ve mesleği nedir?"

Erkek: *"Ev hanımı ve okuryazar değil."*

"Oysa siz yüksek lisans mezunu ve mühendissiniz. Buna rağmen ona kendinizi ispat etmek, onun söylediklerini çürütmek için çabalıyorsunuz. Doğru mu düşünüyorum?"

Erkek: *"Evet ama ne yapayım?"*

"Neden buna gerek duyuyorsunuz?"

Erkek: *"Sanırım daha önce konuştuğumuz gibi haklı olduğumu kanıtlamak ve onay almak istiyorum."*

"Peki o sizin yaptıklarınızı mevcut bilgi, birikim ve donanımla onaylayabilecek durumda mı?"

Erkek: *"Hayır ama o zaman eleştirmesin de..."*

"Onaylamayı bilmeyen eleştirmemesi gerektiğini de bilmeyebilir."

Erkek: *"Kabul mu edeyim?"*

"Oraya geleceğiz daha sonra. Kayınvalideniz konuşurken onu konularla ilgili bir otorite olarak mı algılıyorsunuz?"

Erkek: *"Aslında tam olarak bu değil. Onu yetersiz ama art niyetli olarak algılıyorum. Zaten eşimle de en çok bu noktada ayrışıyoruz."*

"Siz neden farklı düşünüyorsunuz?"

Kadın: *"Çünkü annem herkese karşı öyle. Abime de babama da hatta konu komşuya ve kendi kardeşlerine bile öyle davranır. Her şeyle ilgili yorum yapar. Hiç bilmediği konularda uzmanmış gibi eleştirir ve akıl verir."*

"Peki onlar ne yapar?"

Kadın: *"Çoğu zaman geçiştirirler, duymazdan gelirler bazen de, 'Bakarız... Bir düşünelim,derler. Açıkçası bizimkiler annemi bildikleri için kimse onun tavrını saldırı, art niyet olarak görmez."*

"Anladığım kadarıyla kayınvalidenizin bazı kişilik özellikleri, yaşın da verdiği etkiyle kalıplaşmış iyice. Bazı insanlar, davranışları üzerindeki kontrolü sağlayamazlar. Bazen fark edilmek için bazen değer görmek bazen de konuşup rahatlamak için fikir beyan ederler. Peki siz, diğerleri gibi değerlendirmeyi düşünür müsünüz?"

Erkek: *"Açıkçası ben de bunun farkındayım. Şimdi siz de böyle değerlendirdiğiniz için sanırım bazı şeyleri kabul etmekte zorlanıyorum. Benim kaygım her seferinde daha ileri gider veya hükmeder diye."*

"Korkunuz bu mu yoksa sizin veya eşinizin ona karşı çıkamayacağı mı?"

Erkek: *"Aslında ikimiz de onun lafıyla asla hareket etmeyiz."*

"O zaman bu konuyla ilgili yorumunuzu nasıl değiştirebilirsiniz?"

Erkek: *"Kayınvalidem, rahatlamak için konuşuyor, o kadar da ciddiye almama gerek yok. Kasti bir durum değil bu. O, herkese böyle yapıyor. 'Neden' ve 'niye'lere takılmak yerine geçiştirmeyi, bazen susmayı bazen de umursamamayı düşünebilirim."*

Fikrini önemsemediğiniz birinin, eleştirisini de önemsemeyin.

Belki de farkında olmadan diğer insanlara karşı çok fazla hassasiyet gösteriyoruz. Asla fikrini sormayacağımız, asla akıl almayacağımız, mecburi ilişkilerimiz olmasa asla iletişim kurmayacağımız birçok kişinin yorumunu, eleştirisini ciddiye alıyoruz.

Oysa insanların bizim üzerimizdeki etkisini, onlara yüklediğimiz anlamla biz belirliyoruz. Herhangi bir konuda hiçbir yetkinliği olmayan birinin yorumunu bile sanki konuştuğu konunun uzmanıymış, alanının otoritesiymiş gibi ciddiye alıyoruz.

Birçoğumuz kişiye veya bazı davranış kalıplarına yüklediğimiz anlamlar ile onların bizim üzerimizdeki etkilerini şekillendiririz.

Sanki karşıda çok güçlü, çok kurnaz, her söylediğini planlayan biri varmış gibi düşünüp öfkemizi artırırız.

Oysa bizi rahatsız eden şey, eylemden çok eylem sahibine yüklediğimiz anlamlardır.

Algıyı değiştirme örnekleri :

Çarpıtılmış yorum	Davranışımız	Gerçekçi Yorum	Yeni Davranışımız
Çok kibirli / ukala	Haddini bildireyim.	Değersiz olduğunu düşünüyor.	Biraz ilgi gösterebilir ve iltifat edebilirim.
Çok kibirli / ukala	Mutlu etmeye çalışayım veya haddini bildireyim.	Mutlu olmayı bilmiyor / çaresiz.	Destek olayım, fikir vereyim.
Bildiğini okuyan inatçı	Restleşirim veya boyun eğerim.	Hata yapmak ve hatasını kabul etmekte zorlanıyor.	Aslında kendine bile hükmedemiyor. Zamana bırakıp şefkatle yaklaşabilirim.
Sürekli beni eleştiriyor	Öfkem ile onu bastırayım veya hatasız olmaya çalışayım.	Benim üzerimden kendini iyi hissediyor.	İltifat edeyim, takdir edeyim. Mutlu olma kaynaklarını anlatayım.
Haksız yere eleştiriyor	Haddini bildireyim veya iletişimi keseyim.	Bana özeniyor olabilir.	Daha içten iletişim kurabilir ve rehberlik yapabilirim. Olmazsa sınır çizerim.

Kabul etmemiz gerekenler:

1. İnsanları susturamayız.
2. İnsanların nasıl düşünüp nasıl yorumlaması gerektiğini biz belirleyemeyiz.
3. İnsanların algı ve karakterine hükmedemeyiz.

Yapmamız gerekenler:

1. Fikrini sormayacağımız kişilerin eleştirilerini ciddiye almayabiliriz.
2. Her eleştiri veya iddiaya cevap vermeyebiliriz.
3. İnsanların gözünde nasıl göründüğümüzün peşine düşmeyebiliriz.
4. Onların niyetini okumak yerine kaynağın yeterliliğini ve söyleneni esas alabiliriz.
5. Bu insanlar ilişki yürütmek zorunda olduğumuz insanlar ise görüşmeyi kesmek yerine belli bir sınırda sürdürebiliriz.
6. Her şeye yorum yapan, her şeyi eleştirip kolay kolay bir şey beğenmeyen kişilerin davranışlarını kendimize yontmak yerine, "Benimle değil, onunla alakalı," diyebiliriz.

Sen bir bireysin,
Sen bir karaktersin,
Sen biriciksin.
Kimseyle var olmadın,
Kimsesiz de yok olmayacaksın.

Kimse sana değer biçemez.
Kimse sana kendini değersiz hissettiremez.
Ne yaşarsan yaşa,
Kimse seni yargılayamaz.

Sen bir bireysin,
Kendini sevmeden kimseyi sevemezsin.
Kendini sevmezsen, kimsenin
sevgisine de güvenemezsin.

Kendini mutlu etmeden, kimseyi
mutlu edemezsin.
Ne ile mutlu olacağını bilmezsen,
kimse seni mutlu edemez.

Kendini mutlu ettiğinde enerji vampirlerinden,
Kendine değer verdiğinde ise aşağılayıp
küçümseyenlerden ayrışırsın.

Kendini sevmek,
Kendine değer vermek,
Kendine saygı duymak,
BENCİL OLMAK DEĞİL KENDİN OLMAKTIR.

"Senin İyiliğin İçin" Zehri

Kendisiyle yüzleşmek istemeyen kişi, her zaman öteki kişilere odaklı yaşar. Bu öteki kişi; iş, ilişki, amaç veya haz olabilir. Öteki, her zaman bir mutluluk kaynağı değil bazen de gevşeme alanıdır. Başka birini küçümsemek, eleştirmek, hatasını kovalamak bir süre sonra bazı insanların kendini iyi hissetme şekline dönüşür. Her şeyi eleştirir, her şeyde minik de olsa bir kusur bulur ve her zaman söyleyeceği bir sözü olur.

Peki bu kişiler bizim hayatımızda nasıl oluyor da tutunuyor?

Hangi ihtiyacımızı gideriyor da var olmaya devam ediyor hayatımızda?

İlk başlarda iyi niyetli zannettiğimiz için izin veriyoruz. Bizim de *muhtemel kararsızlığımız, bilgi eksikliğimiz ve hata yapmaktan korkan tarafımız,* bu tip yönlendirmelere izin vermemize neden oluyor.

Ama bir süre sonra izin verdiğimiz insan adeta hayatımızı bir top sahasına dönüştürüp sürekli gol atan takıma dönüşüyor. Gerginliğini, yetersiz hissedişini, onay arayışını bizim üzerimizden gidermeye başlıyor. Adeta biz onun zihinsel orgazm alanı oluyoruz.

Arada minik minik tepkiler versek de, "Senin iyiliğin için" cümlesiyle bertaraf ediliyoruz. (Özellikle de çocukluk çağındaki büyük zedelenmeler bu cümlelerle yapılmıştır.)

Öyle bir noktaya geliyor ki bir yandan o kişinin fikri olmadan bir şey yapamamak ile bir yandan onun tarafından yargılanmak korkusu arasında sıkışıp kalıyoruz. Hatta karşıdaki kişi ondan habersiz bir şey yaptığımızda hem bizi suçluyor hem de yaptığımız şeyle ilgili daha keskin ve olumsuz tepkiler verebiliyor. Görünüşte sanki biz ona bağımlıyız ve onsuz bir adım atamıyoruz gibi olsa bile aslında onun bizden bir farkının olmadığını, ona karşı ilk dik durduğumuzda, ilk hayır dediğimizde bize olan tepkisiyle anlıyoruz. Ne zamanki biraz güç kazanıyoruz ve ona olan ihtiyacımız azalıyor, onun tepkisi bizim üzerimizden nasıl beslendiğine dair en net göstergelerden biri olarak karşımıza çıkıyor.

Her zaman söylediğim bir şey var:
Kim dominantsa, kim yöneticiliği bırakmıyorsa,
kim ona ihtiyacı olanlarla var oluyorsa
o, diğerlerine bağımlı olandır.

Başkasının eksiğinden de zayıflığından da hatasından da beslenen, onun zayıflığı ve kusurlarıyla var olan ve kendini iyi hissetmeye çalışandır. Sürekli sana hatalarını söyleyen, en küçük eksiğinde seni yargılayan, seni ezen biri, ne kadar güçlü görünürse görünsün, aslında senin üzerinden varoluşunu (sağlıksız/bağımlı şekilde) tamamlamaya çalışandır. Gerek senin sayende kendini daha güçlü ve kusurlara sahip olmayan biri gibi görerek gerekse de seni eleştirip küçümseyip içindeki kusurluluğu ve değersizliği kanalize ederek...

Başkalarının hatalarını kovalamak, yetersizliği ve eksikliği deşarj etme kanalıdır.

İnsanın kendi eksiklerini görüp yüzleşmesi için belli bir farkındalığa ulaşması gerekir. Bunun için de okuması, düşünmesi ve hayatında yanlış giden şeylerin sorumluluğunu alması gerekir. Yani sorumluluğu alması, konfor alanından çıkması, biraz rahatını bozması gerekir.

Oysa toplumumuz adeta kusur avcılığına dönüşme sürecinde.

İlişkilerde herkes birbirinin açığı ve eksiği üzerinden içsel gerginliğini, kendini yetersiz hissedişini veya kompleksini deşarj ediyor. En çok kusurlu olanın en çok eleştirel olduğu bir döngü bu.

Aile içinde de bir kurban seçilir, o kurban üzerinden herkes zihinsel olarak geviş getirir.

Toplum içinde suçlu/kurban seçilir yıllarca toplum onun üzerinden kendi sorumluluğunu almak yerine onu suçlayarak gevşer.

Medya zihinsel orgazm yaratmak adına her defasında bir siyasetçiyi, bir ünlüyü, bir tüccarı, hatta başka bir devleti, toplumun önüne atar ve, "Haydi şunu üzerinden biraz gevşeyin," der.

Özellikle son zamanda *sahte duyar kasma* olarak tanımlanan tepkileri daha sık görüyoruz. Yaşamında hiçbir sosyal olaya tepki vermeyen kişilerin en küçük bir dil sürçmesinde bile bir siyasetçiyi, bir akademisyeni, ünlüyü veya dinî/millî kimlikli birini nasıl linç ettiğini görebiliyoruz.

Duyarlılık ile linç etmeyi karıştırıyoruz. Kaldı ki linç etmek istiyorsak, düzeltme veya özürleri bile yok sayıyoruz.

Belki de bugüne kadar hatamızdan dolayı hiç özür dilememiş olsak bile...

Aytmatov'un çok sevdiğim bir sözüdür: "Haksız eleştiri gizli hayranlıktır." Ben de şöyle derim: Kimin açığını arıyorsan, o senden bir adım öndedir.

Bireysel gelişimimizin yolu, başkasının üzerinden var olmak değil, kişisel sorumluluklarımızı üstlenmekten geçer.

Benim adım Yaşar.

Eleştirel, mükemmeliyetçi ve narsist bir babayla büyüdüm. Her şeyime bir yorumu vardı babamın. Beğenmezdi, burun kıvırırdı. İlk başlarda kendimi ona hep kanıtlamaya çalışırdım. Adeta başarılarımı gözüne sokarcasına sürekli gündemde tutmak isterdim. Onun içinse hiç önemli değildi. 99 alsam, "Niye 100 almadın?" diyecek biriydi. Ankara Hukuk Fakültesi'ni kazandığımda benim için yeni bir hayat başlıyordu. Sadece eğitim ve mesleki kazanım değil, babamdan kurtulmanın da özgürlüğüydü bu. Artık o sürekli eleştiren, sürekli suratı asık, kendinden başka herkesi hatalı ve eksik gören sesten uzaklaşıyordum.

Devlet yurduna yerleştikten sonra üç dört kişiyle samimiyet kurma girişimim oldu. Ahmet ile aynı fakültede olduğum için önce samimi olduk, sonra ise onun kararsız hali, zayıf görüntüsü beni rahatsız etmiş olacak ki yavaş yavaş uzaklaştım ondan.

Sonra Ali ile takılmaya başladım. Ali ise sürekli mağdur edebiyatı yapan, sürekli "Param yok..." diyen ama zevkinden de ödün vermeyen biriydi. Onunla da iki ay sonra bitirdim arkadaşlığımı.

Ve Mehmet. Öfkeli ve kavgacıydı. İlk başlarda dürüstlük ve adaletten çok fazla dem vuruyordu. Zamanla fark ettim ki içindeki öfke ve şiddeti dışa vurmak için haksızlıkları fırsat olarak gören biriymiş. Onunla bir iki kavgaya karıştıktan sonra ilişkiyi selamlaşma düzeyine indirdim.

Ve Kenan... İlk başlarda çok yardımseverdi. Sürekli ne yapmam gerektiğini, nerede, nasıl davranmam gerektiğini çok güzel şekilde anlatıyordu. Bu benim gibi kararsız biri için harika bir şeydi.

Niye mi? Çünkü babamdan gelen bir aşinalığım vardı. Farklı olan ise Kenan daha yumuşak ve incitmeden söylüyordu. Bir süre sonra Kenan'a danışmadan hiçbir şey yapamadığımı fark ettim. Ne zaman bir adım atsam hemen, "Ya hata yapıyorsam? Ya Kenan buna tepki verirse?" diye düşünürken buluyordum kendimi.

Yaşamında sürekli "Senin iyiliğin için..." zehirli cümlesi adı altında seni eleştiren, küçümseyen, sadece eksiklerinle uğraşan kişiye o sınırı çizmen gerekir.

Hiçbir şekilde artılarını övmeyen birinin, eksiklerini de söyleme hakkı yoktur, unutma. Dost, iyiliğini de öven, başarını da alkışlayan, doğrularını da takdir edendir. Gerçek dost zor zamanda değil; başarında, yükselmende, iyi olduğunda en çok belli olur. Zor zamanda aramak kolaydır, çünkü sen o an için bile olsa ondan düşük moddasın. Zor olan dostun başarısıyla sevinmek, takdir etmektir. Çünkü başkasının acısını ve taziyesini almak kolaydır ama başarısını paylaşmak zordur. Egon zedelenir, nefsin zorlanır. İşte gerçek dost bence başarılı ve iyiyken daha net anlaşılır.

Sana bu şekilde davranan insanlara neden izin verdiğini bulmanı istiyorum.

1. Sürekli eleştirenle olan ilişkin hangi ihtiyacını gideriyor?

- Yeter ki insanlar hayatında olsun mu? (Yalnızlık korkusu.)
- Karar vermenin sorumluluğundan kaçman mı? (Sorumluluk almamak.)
- İleride bir gün lazım olur diye anlaşamadığın insanları hayatında tutman mı?
- İnsanlar tarafından iyi bilinme ısrarı mı? (Sosyal mükemmeliyetçilik/el iyisi)
- Sevilme ve onay görme ısrarının verdiği sınır çizememe mi? (Dışa bağımlılık.)
- Veya sence: ....

2. Bu ihtiyacı başka türlü nasıl giderebilirsin?

✓ **Kararlarını kendin alarak.**

Zor, eleştirel, küçümseyen veya değer vermeyen insanlara sınır çizmek için *hayır demek* yetmez. O '*hayır*'ın arkasında durmak gerek. Senin hayır demene engel olan şey, ikincil ihtiyaçlarındır.

"Her izin veriş geri planda bir ihtiyacı giderir."

Mesela yanlış bir karar almaktan korkup seni yöneten, domine eden kişilere ihtiyaç duyman gibi. Yanlış bile olsa adım adım kararlar al. Bazen az, bazen çok bedel ödemek zorunda kalabilirsin. Ama aldığın her karar ile ne yapıp ne yapmaman gerektiğini öğreneceksin. Diğer insanlar nasıl karar alıyor sanıyorsun? İlk atışta on ikiden falan vurmuyor kimse. Yanlış evlilikler, yanlış işler, yanlış yatırımlar. Yani sevgili dostum, risk alma kapasiteni artırırsan sen, sen olursun.

✓ **Yalnızlık korkunla yüzleşip kendini mutlu etme muslukları bularak.**

Sadece hayatında birinin varlığıyla ömür boyu mutlu olamazsın. Ona bağımlı olursun. Arkadaşın olsun, işin olsun, kök ailen/akrabaların olsun, sanatın, sporun bireysel alanın olsun. Yani sadece tek kaynakla mutlu olmaya saplanıp kalma. Saplanıp kalırsan o ne yaparsa yapsın gidemezsin, dur diyemezsin. Hep cepte görülen olursun. Kendini mutlu eden, başkasıyla mutluluk üretir, onu mutlu etmeye çalışmaz.

- ✓ **Çok insan yerine az ama öz insan diyerek ve kendine benzer karakterleri bularak.**

Şayet ilişki stoku yapan biriysen, sırf ileride lazım olur diye, hiç anlaşamasan bile insanları hayatında tutarsın. Bir gün işim düşer, bir gün canım sıkılır da ararım vs. gibi düşüncelerinden dolayı enerjini yanlış insanlara tüketir, iyi insanlara karşı tahammülsüz olursun. Çok insan değil, az ve öz insan. Lazım olanı değil, anlaştığını tut. Yatırımını paylaşarak, anlaşarak yap. Yanlış insanlara yapılan her yatırım, altında bir kaygı barındırır. İlerde lazım olursa onu o zaman düşünürsün. Belki de hiç lazım olmayacak ve yıllarca boşuna emek harcamış olacaksın. Hatta belki lazım olduğunda da işini görmeyecek. Yine o tipik örneği vereceğim: Bir bardak süt için inek beslemek gibidir bu stok ilişkiler.

- ✓ **İnsanlardan onay, takdir veya alkış almaktan vazgeçerek.**

Bir insan ne kadar takdir peşinde koşuyorsa bir o kadar da eleştiriyi arkasına almıştır. Koştuğumuz yer değil, kaçtığımız yerdir yönümüzü ve hızımızı belirleyen. Taşıma suyla değirmen dönmez. Mutluluk havuzunu başkasının ilgisi, takdiri, onayıyla dolduramazsın. Bu sürdürülebilir yol değildir. Israr edersen, başkasının onayına bağımlı olursun. Onlara bağımlı olursan da onların istediği gibi davranan, maske takan, taviz veren, kendini kaybeden birine dönüşürsün. Kendini takdir et. Kendine sürekli, "Ne yaparsam yapayım asla değersiz değilim. Başarılı olsam da olmasam da başkası tarafından sevilsem de sevilmesem de değerliyim," demelisin. Kendini takdir edip sevmeye başladıkça, başkalarından beklentin azalacaktır. Başkasından beklediğinden fazlasını ver kendine.

✓ **Elâlem ne derse desin deyip *ben olmayı* seçerek.**

Zaten zamanla ya seni kabul edecekler ya da etmeyenlerle yolun ayrılacak; bunun her ikisi de sağlıklıdır... Sadece geçiş döneminin stresine katlanman gerekecek.

✓ **Konfor alanından çıkarak.**

Konfor zehirdir. Sessiz kalmak, gerginlikten kaçmak, bizi gitgide pasif ve boyun eğici birine dönüştürür. Varsın gerginlik olsun. Gerginliği çıkaracak kadar cesur olalım. Gerginlik dünyanın sonu değil. Konformist yanımız biraz acısın. Geçmeyen duygu mu var? O gerginlik de geçer ama en azından gerginliği çıkaran da bu hisleri yaşar ve yol çizer.

Kim senin açığını arıyorsa
Kim senin arkandan konuşuyorsa
sen onun bir adım önündesindir.
Cengiz Aytmatov'un dediği gibi:
"Haksız eleştiri, gizli hayranlıktır".
Bu insanlara kendini anlatmaya, açıklamaya
asla çalışmayacaksın.

Çünkü onların derdi olgular değil algılardır.
Onlar senin hakkında algı yaratma peşindedirler.
Ve onlar genelde arkanda kalanlardır.
Arkana bile bakma, bildiğin yolda devam et.

Haksız eleştirilere maruz kalıyorsan
DOĞRU YOLDASINDIR.

NASIL DÜŞÜNÜRSEN ÖYLE HİSSEDERSİN

Bizi üzen başımıza gelen olaylar değil, onlara yüklediğimiz anlamlardır.

Birçoğumuz farkında bile olmaksızın hayatımızdaki kişileri, olayları veya geçmişteki yaşantıları değiştirmeye çalışırız. Bizi mutsuz edenleri değiştirmeye ömrümüzü harcayıp kendimizi daha fazla mutsuz ederiz.

İrademiz dışında gelişen olayları değiştirmek için gökyüzünü mızraklarcasına beyhude çabalara girişiriz.

Geçmişimizde bize acı, üzüntü, pişmanlık veren olayları değiştirmeye çalışırken de bugünümüzü yitiririz.

Peki gerçekten olaylar veya yaşantılar mı bize bu duyguları hissettiriyor yoksa bizlerin algılama şekli, o olay veya kişilere yüklediğimiz gerçeğe uygun olmayan anlamlar mı bizi üzüyor?

Bunun en basit cevabı şu soruda gizli: "Aynı olay için herkes aynı derecede mi üzülüyor, aynı duyguyu mu hissediyor?"

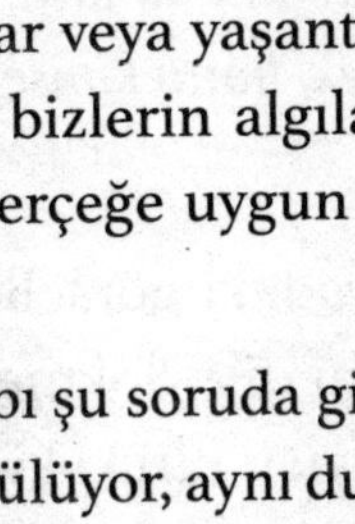

Derya için 14 Şubat adeta bir sınavdı. Üç yıllık ilişkisi biteli iki ay olmuş, yas süreci ve nadas süreci içindeyken, üstüne bir de 14 Şubat Sevgililer Günü çağrışımları onun duygularını iyice tetiklemişti.

En son Leyla'nın paylaştığı *En Güzel Hediyem* notlu hikâye ile iyice hüznü artmıştı. Daha sonra Ayşe'nin o gün aldığı evlilik teklifini paylaşmasıysa yarasına adeta tuz basmıştı.

> Derya: *Allahım ne olur, şu 14 Şubat bir an evvel bitse... Evde nefes alamıyorum. Neden şu an ben yalnızım? Kendimi hiç bu kadar değersiz ve yalnız hissetmemiştim. Sevildiğini gözüme sokanlar, evlilik teklifi alanlar, bugün dışarıda eğlenenler... Ya ben? Evde tek başınayım. Ne arayan var, ne soran? Gerçekten artık sevilmeye layık biri olmadığımı düşünmeye başladım. Şayet sevilmeye layık biri olsaydım şu an bu durumda olmazdım. Değerli olsaydım birileri yanımda olurdu. Ben de bugün 3-5 hikâye paylaşanlardan olurdum. Üç yıllık ilişkimi bile sürdüremediysem gönülden sevileceğime olan umudum da bitti. Artık kimseyle görüşmek, kimseyle denemek, hatta kimseyle arkadaş bile olmak istemiyorum.*

Derya, sosyal medyadaki görselleri gördüğünde kendisiyle ilgili düşüncelerini dile dökmeye başladı. Evde yalnız olmak onu o kadar rahatsız etti ki konuyu kişiliğine bağladı bir süre sonra.

İlişkisini istemediği halde bitirmek zorunda kalmış, bunun için çok çabalasa da sonuçta mutlu olamayacağını bildiği halde son ana kadar da elinden geleni yapmıştı. Aşılamayan temel sorunlar nedeniyle iki taraf da bitmesi gerektiğine inandıkları bir dönemde ayrılmışlardı.

İlk başlarda özgürlük ve rahatlama hisseden Derya, nedense 14 Şubat'ta aniden depresifleşmiş, sonrasındaki bir ay boyunca da benzer algı ve duyguları devam etmişti.

Derya, çalıştığı firmanın satış müdürlüğünü yapan, iyi bir üniversiteden hem lisans hem de yüksek lisans eğitimi almış, çevresi tarafından çoğu zaman hem iyi hem de başarılı bir insan olarak takdir gören ve sevilen biri... Ailesi her zaman onu desteklemiş. Konu başarıysa şayet birçok başarısından bahsedilebilir. Eğitimi, işi, iyi insan olması, adil olması vb. gibi...

Bu ayrılık mevzusuysa Derya'da çeşitli bilişsel çarpıtmalar yaratmıştı: Değersizim ... Başarısızım ... Sevilen biri değilim ... İlgi çekici değilim ... İlişki yürütme yeteneğim yok.

Derya'nın bu düşünceleri, ayrıldıktan sonra ortaya çıktığı için buna neden olan durumunun mu yoksa düşüncelerinin mi değişmesi gerektiğine karar vermek gerekir öncelikle.

Hepimizin başına ayrılık, kayıp, iflas, reddedilme, dışlanma, eleştirilme gibi istenmeyen birçok olumsuz durum gelebiliyor. Bizim iznimiz olmadan bizimle ilgili aşağılayıcı yorum yapanlar, bize kendimizi yetersiz hissettirenler, değersizleştirenler olabiliyor.

Bir de kimse yapmadığı halde biz kendimize bunu yapabiliyoruz. Tıpkı Derya'nın yaptığı gibi...

Derya sadece ayrıldı. İlişkisi bitti ama ona göre sanki yaşam bitti, değer ve anlam bitti. Oysa insan sadece ilişkisini ve sevme nesnesini kaybeder. Sevme sevilme vasfını değil.

Derya'nın yaşadıkları bilişsel çarpıtma ve bunun şimdi otopsisini yapacağım.

Tablo-1:

Derya 14 Şubat'ta Evde ve Yalnız

Olay	Algılar / yorumlar	Duygu-fiziksel göstergeler	Davranışlar çözümler	Sonuç
14 Şubat'ı evde geçirmek, dışarı çıkacak kimsenin olmaması.	Sevilen biri değilim, değersizim, yetersizim, birini bulamayacağım.	İç sıkıntısı, üzüntü, boşluk.	Ağlamak, fazlaca yemek/ içmek, uyumaya çalışmak.	Yorumlama şekli nedeniyle kendini daha kötü hissetmek, daha çok içmek, daha çok ağlamak.

Tablo-2:

Derya 14 Şubat'ta Evde ve Yalnız

Olay	Algılar / yorumlar	Duygu-fiziksel göstergeler	Davranışlar çözümler	Sonuç
14 Şubat'ı evde geçirmek, dışarı çıkacak kimsenin olmaması.	Ayrılık, yok olmak değildir. Ben zaten mutsuz olduğum için ayrıldım. Yas sürecim bittikten sonra sağlıklı bir ilişki kurabilirim. Yas sürecim bitmediği için çağrışımların beni üzmesi olağandır. Sevmeyi değil, sevgi nesnesini kaybediyorum. Mutsuz ilişkiyi bitirmek, başarıdır.	Üzüntü, iç sıkıntısı, umut, dinginlik.	Ağlamak, arkadaşlarla dertleşmek, plan yapmak, ertelenen etkinlikleri gerçekleştirmek.	Kendine yontmadan ayrılık sürecini kabul etmek, acıyı reddetmemek, planlar yapmak ve hayatı doldurmak.

Yukarıda iki tablo verdim. Birinci tabloda kendini suçlayan Derya var. Kendini suçluyor, yetersiz olarak tanımlıyor, başarısız olarak etiketliyor. Buna paralel olarak da olumsuz duyguları daha yoğun yaşıyor, o duyguların sesiyle de kontrol dışı veya mantık dışı eylemler gösteriyor. Bir süre sonra ise sorun olarak gördüğü bu duygularla baş etme davranışları, sorunun kendisi olmaya başlıyor. Alkolizm, kilo sorunu, uyku sorunun getirdiği dengesiz yaşam bozukluğu gibi... Ayrıca her ilişkide sağlıklı olan yas sürecini de referans maddelerle gidermeye çalıştığı için o yas süreci, tamamlanmadığı için kendini tekrar ediyor.

Yani olayı yanlış yorumlama şeklimizle başlayan süreç, bitmeyen yas, alınan kilo, oluşan bağımlılık, belki kaybedilen iş olarak geri dönüyor.

İkinci tablodaysa pozitif değil, gerçekçi bir yorumlama yapıyor Derya.

Özellikle belirtiyorum: Pozitif değil gerçekçi... Neden özellikle belirtiyorum? Çünkü gerçeklikten kopuk bir pozitiflik kalıcı ve sürdürücü etki bırakamaz, sorunu çözemez ve sadece anı kurtarır. (Günümüzde popülaritesi artan *duygusal mükemmeliyetçilik* ile kimse olumsuz duygu istemiyor. Herkes, her an kendini mutlu ve heyecanlı hissetmek istiyor. Oysa bu durum derin bir depresyona girmeye ve hayatın anlamsız olduğu düşüncesine neden oluyor).

Kural 1: Mevcut durumu her zaman değiştiremeyebiliriz. (Dışarı çıkacak birini bulamayabiliriz. 14 Şubat'ı kutlamak için hemen sevgili bulmamızsa zaten yeni bir soruna sürükler bizi ki bu yara bandı olur.)

Sevgili dostum, birçok insan, yaşadığı durumu kabullenip onunla ilgili düşüncelerini değiştirmek yerine olayın kendisini değiştirmek ister. Oysa bu, çoğu zaman mümkün değildir. Bu, geçmiş bir yaşantı olabileceği gibi anlık bir durum da olabilir. Yapman gereken o anki durumu önce gerçekçi bir göz ile görmek ve onun etkilerini onunla sınırlı tutmak.

Bu arada neleri hemen değiştiremeyiz, şimdi onları da hatırlatmak isterim:

Zihnimize gelen istemsiz düşünce ve senaryoları,
Elâlemin konuşmasını ve yorumlarını,
Aniden oluşan hisleri ve reflekslerimizi,
Geçmişte yaşadıklarımızı değiştiremeyiz.

Bu dört ana noktayı özellikle unutmamanı istiyorum. Çünkü sık sık karşımıza çıkacak. Birçok kişi acı, üzüntü, keyifsizlik gibi hisleri yaşamamak için yıllarca bu dört maddeden herhangi birini yok etmekle uğraşıyor. Yıllarca da patinajdan çıkamıyor.

Peki neleri değiştirebiliriz:

Aklımıza gelenlere inanıp inanmamayı,
Sözlerimizi ve eylemlerimizi,
Tercihlerimizi ve buna bağlı
olarak gelecek yaşamımızı
değiştirebiliriz.

Kural 2: O gün hissettiğimiz duygular sadece o güne özeldir. Bu hislerin sürekli olup olmayacağını bilemeyiz. Derya, ayrıldığından beri ilk defa kendini böyle hissediyordu. Zaten ayrılması gerektiğini o da kabul ediyordu ve bu konuda kendine hak vermişti. Demek ki kendimizi kötü hissettiğimizde hemen o duygunun kontrolüne istemeden bile olsa girebiliyoruz ama orada kalıp kalmamak bize kalmış. Bazen bazı duyguları çok yoğun hissedersin ve sanki o his hiç bitmeyecekmiş gibidir. Oysa tam tersine kendini çok iyi hissettiğinde bu duygu hiç bitmeyecek dedin mi? Demedin, evet. Zaten hiçbir hissimiz hayat boyu sürmüyor. Nasıl ki düşünceler çöp ise duygular da hava gibidir... Bir gün güneşli, bir gün yağmurlu, bir gün rüzgârlı...

Hayat boyu kendini mutlu hissetmek gibi hayat boyu üzüntülü hissetmek ya da hayat boyu pozitif hissetmek de aslında bir ütopya... Her ne kadar çağımızın modası hep kendini iyi hissetmek olsa bile bunun başarılması mümkün değil.

Yani sevgili dostum, kendini kötü hissettiğinde duygunun kalıcı olacağına inanma. Kim bilir kaç kez yaşadın o duyguyu ve hepsi de geçti. Tek sorun o an sanki kendini hep öyle hissedeceğini zannetmen. (Ama çok uzun süredir depresif isen o zaman bu durum destek alman gereken bir psikiyatrik duruma dönüşmüş olabilir.)

Kural 3: Yaşadığın olayla ilgili düşüncelerini değiştirdiğinde olayın senin üzerindeki etkisini de değiştirebilirsin. Ayrılmayı değiştiremezsin. Samimi birini bulup evden çıkmayı da değiştiremezsin. (O gün kimse müsait olmayabilir.) Sırf o gün kendini öyle hissetmemek için sevgili bulmak da doğru ve sağlıklı değil. Geriye ne kaldı. Durumu kabul etmek ve gerçekçi yorumlamak. Dikkat edersen pozitif veya olumlu yorumlamak demedim, *gerçekçi yorumlamak* dedim. Nedir o? "Bugün 14 Şubat ve evdeyim. Bunu kabul ediyorum. Bugünü şartlarım nedeniyle evde geçirebilirim, dışarı çıkabilir ya da aile üyelerimle geçirebilirim," gibi... İlla samimi bir arkadaş veya sevgili olması düşüncesinden vazgeçmek gerek.

Peki Derya, neden bu durumda?

Derya burada kendini daha da kötü hissetmesine neden olacak üç hata yapmıştır.

1. Şartları kabul etmemiştir.
2. İç sıkıntısını ve üzüntüsünü anlamaya çalışmak yerine ondan kurtulmaya çalışmıştır.
3. Mevcut durumu kişiliğine yontup kendi ile ilgili hatalı yorumlarda bulunmuştur.

Peki ne yapabilirdi?

Önce birinci maddeyi konuşalım:

Kişi, hissettiği olumsuz duygular nedeniyle ona neden olduğunu düşündüğü şartları reddeder veya değiştirmeye çalışır. Derya, yalnız olmayı, evde olmayı, sevgilisinin olmadığı gerçeğini reddediyordu. Bu durumu kabullenmek istemediği için de daha çok acı ve öfke yaşıyordu. İç sesi şu şekilde değiştirirsek: "Şu an evdeyim, bugün şartlarım bu şekilde. Şu an yalnızım. Çünkü biten uzun bir ilişkiden sonra toparlanmam gerek..."

İç sıkıntısı ve üzüntü bize, "Kendini meşgul et... Kendini mutlu etmek için bir şeyler yap... Üzülmene neden olan konunun otopsisini yap... Değer verdiğin bir şeyi kaybettiğin için yas tut," der. Biz ise bu haberleri almak yerine postacıyı dövüyor veya kapıdan kovuyoruz. Böylece dönüp dolaşıp o mesajlar bizi yine buluyor. Kaçtığın her duygu, sana lazım olan duygudur. Olumsuz duygulardan korkmayalım. Onlar birer ışık bizim için. Duygular Derya'ya mesaj veriyor. Her acı, üzüntü, iç sıkıntısı, öfke birer eksiği veya ihtiyacı temsil eder. Korkmamak lazım onlardan.

Derya yaşadığı olağan süreci, biten bir ilişki veya yalnızlığın doğal sonucu olarak değil, kişiliğinin eksik tarafları olarak yorumluyor. Yani ayrılığı veya yalnızlığı kendine yontuyor. Bir insanın değerli olup olmaması, yeterli olup olmaması, ayrılmakla, yalnız olmakla alakalı değildir. Başımıza her gelen olayla değerimizi gözden geçirirsek, kendilik değerimizi rüzgâra bırakmış oluruz. İnsanın değeri, kan grubu gibidir. Değişmez ve kendine hastır. Başına ne gelirse gelsin, değerli olmasını değiştirmez.

Yani Derya, o gün ayrılmamış olsaydı kendini daha mı değerli hissedecekti? Hayır. Bu sefer değer görmediği bir ilişkide kaldığı için kendini suçlayacaktı veya o gün arkadaşlarıyla eğlenceli bir ortam kursaydı kendini daha mı değerli hissedecekti? Hayır. Sadece yalnız kalmayacaktı. Aslında buradan bir noktaya daha varıyoruz; duyguya da olaya da biz anlam veriyoruz. Yalnızlığı değersizliğe yormak, bizim seçici algımız. Başka biri için bu dinlenme, özgürleşme veya toparlanma süreci olarak tanımlanabilir.

"Bunu hissetmemeliyim... Bu kadar âciz olmamalıyım... Onun için üzülmemeliyim... Şu an sıkılmamalıyım... Çok güçlü olmalıyım," gibi düşüncelerimiz, bizim daha fazla üzülmemize neden olan yorumlardır.

Veya, "Asla unutamayacağım, asla birini bulamayacağım, hep yalnız kalacağım," gibi yani tam tersi olan düşünceler de gerçekçi olmayan ve olumsuza yönelik düşünceler de bize fayda sağlamaz.

Bunun yerine, "Şu an üzülüyorum ama bu geçecek... Şu an kendimi zayıf hissediyorum, her zaman güçlü olmak zorunda değilim... Bazen sıkılabiliyorum, bu çok olağan," demeliyiz.

Kabul edilen her durum ve duygunun, etkisi azalır.

Otopsiye devam edelim.

Derya yaşadığı can sıkıntısı ve evde yalnız olma durumu nedeniyle kendine bazı etiketler yapıştırmıştı.

Sevilen biri değilim.

Değersizim.

Yetersizim.

Birini bulamayacağım.

Bu iç konuşmalar Derya'nın yaşadığı yalnızlıktan değil, onun yalnızlığa verdiği anlamlardan doğmaktaydı. Oysa bu iddialarını çürütecek o kadar aksi kanıt vardı ki... Bunları da kanıt inceleme bölümünde ele alacağım.

Derya bu hikâyede yaşadığı durumu kabul etmediği ve hatalı yorumladığı için daha çok olumsuz duygu yaşayıp daha çok yeni hata yapmıştır. Hemen kaçınma veya hemen bastırma arasında gidip gelmiştir.

Oysa yapmamız gereken ilk şey, durumu olduğu gibi kabullenmektir. Daha sonra ise hissettiğimiz duyguları anlamlandırmak ve bir süre o duyguların yaşanmasına izin vermektir.

YENİDEN ÇERÇEVELENDİRME (ANLAMLANDIRMA)

Hatalı/eksik yorum	Gerçekçi yorum
Beni kimse aramıyor.	Arkadaşlarım bugün müsait olmadıkları için aramadılar. Normalde birbirimizi arar sorarız.
14 Şubat'ta yalnızım, bu bir başarısızlık.	Bu hayatta başarı, tek bir alanda değildir ve tek bir şeyle ölçülmez. Sadece bir gün yalnız kalmak, başarıyı ölçmez. Yalnızlık bir tercihtir. Daha önceki 3 tane 14 Şubat'ı eski sevgilimle kutladım ama şu an olması gereken yalnızlığı yaşıyorum.
Bugünü yalnız geçirmemeliyim.	Bugün ilişkisi olan insanlar için özel bir gün. Benim ilişkim yeni bitti. Bugünü normal bir gün olarak kabul etmeliyim. Kendimi zorlamak yerine kendimle baş başa kalabilirim. Benim ilişkiye değil, toparlanmaya ihtiyacım var.
Asla ciddi bir ilişkim olmayacak.	Yeni ayrıldığım için ilişkilerle ilgili güven sorunum olabilir. Ama biliyorum ki ben iyi bir insanım. Zamanı geldiğinde deneyebilirim. İnsan ilişkisini yitirir, sevme ve sevilme vasfını değil. Şu an yas sürecindeyim. Bu süreçte üzüntülü ve umutsuz olmayı cebe koyuyorum. Denemeden bilemem. Zamanı geldiğinde ona o zaman karar vereyim.
Değersizin tekiyim.	Şu an kendimi iyi hissetmiyorum. Bu süreçten önce kendimi oldukça değerli ve başarılı biri olarak görüyordum. Ayrılmış olmam, beni değersizleştirmez. Bu, sadece bir durum değişikliğidir.

Yetersizim.	Bugüne kadar birçok şeyi başardım. Eğitimden iş hayatına, arkadaşlık ilişkilerinden aile bağlarına... Evlenmek başarı değildir ayrılmak da başarısızlık... Başarı, mutlu bir ilişkidir veya yeri geldiğinde mutsuz ilişkiyi sonlandırmaktır.
Üzülüyorsam zayıfım.	Üzülüyorsam üzülmem gereken bir süreç yaşıyorum. Üzülüyorsam güçlü olduğum için duygularımla bağ kuruyorum. Üzülüyorsam kendimle ilgilenmeliyim. Üzülüyorsam toparlanmaya ihtiyacım var demektir.

Dayanamayacağımızı düşündüğümüz her durum, aslında iş başa düşünce baş ettiğimiz durum oluyor. Sadece algılarımız bizi bloke ediyor.

Ayrılma düşüncesine bile tahammül edemeyen birinin istemeden de olsa ayrıldığında bir süre sonra yolunu çizmesi gibi. Hepimiz, içimizde keşfetmediğimiz birçok güç taşırız ve genelde de kriz dönemlerinde bununla yüzleşiriz. Mesela ben bu satırları yazarken *coronavirüs* nedeniyle ülke olarak sokağa çıkmadığımız bir süreç yaşadık/yeniden yaşayabiliriz.

Çevremde, "Dışarı çıkmadan duramam," diyenlerin nasıl da evden çıkmadıklarını görüyorum. Yine, "İşim olmadan asla!" diyenlerin günlerce işe gitmediklerine de tanık oluyorum. Cevap şu: Yaşamak için mecburum. Yani iş başa düştüğünde herkes bir şekilde yolunu buluyor.

Derya'nın hikâyesini son olarak kanıt sorgulama tekniği ile bitirmek istiyorum. Eğer arada kendinle ilgili *değersiz, yetersiz, eksik, başarısız* gibi sözler söylüyorsan bu egzersizi uygulamanı öneririm.

Bu sorgulama tekniği formuna kendinle ilgili istediğin iddiayı yazabilirsin.

1. Kanıt sorgulama tekniği:

14 ŞUBAT'I EVDE GEÇİRDİM DEĞERSİZİN TEKİYİM	
DESTEKLEYEN KANITLAR	AKSİ KANITLAR
•	•
•	•
•	•

• Bu olay yaşanmadan önceki gün kendimle ilgili ne düşünüyordum?
• O an öyle hissetmem, hep öyle hissettiğim anlamına gelir mi?
• Bir arkadaşım kendisi ile ilgili bana böyle bir şey anlatsaydı ona ne derdim?
• Çıkardığım sonuç :

SİSLERİN DAĞILMASI ZAMAN ALABİLİR SEN YOLUNA DEVAM ET

Hayatında istediğin her zaman ve istediğin miktarda netlik olmayabilir. Bu durumda önünde iki seçeneğin olacak: Ya olduğun yerde (güvenli alanda) bekleyeceksin ya da küçük adımlarla yeniden ilerleyeceksin.

Bu duruma sisli yol örneğini veririm: Olduğun yerde beklemenin avantajı riskin az olması iken, dezavantajıysa bekleme süresinin sonunu bilememek ve bu arada fırsatları kaçırmaktır. Oysa bazı durumlarda beklemek aslında daha büyük risk yaratır. Diyelim ki Karadeniz turuna çıktın ve saat 13:00 gibi zirveye vardın. İki üç saat oyalandıktan sonra inişe geçmek istiyorsun ama yoğun sis var. Böyle bir durumda uzun süre bekleme şansın yok. Çünkü zaman ilerledikçe karanlık da çökecek, sis ve karanlık senin işini daha da zorlaştıracaktır. Bu tip durumlarda güvenli alanda durmak, güvensizliğe ve fırsatı kaçırmaya neden olur. Peki ne yapılmalı?

Karadeniz örneğinden devam edelim. Yol sisli ve hava bir iki saat sonra kararacak. Görüş mesafesi de yirmi metre olsun; yani sen en fazla yirmi metre ilerisini görüyorsun. Demek oluyor ki yirmi beş metre öteyi görmek için beş metre gitmen gerekiyor. Kontrollü atacağın her beş metrelik adım sayesinde bir sonraki beş metreyi görebileceksin; yani görüş mesafesi sabit kalsa bile sen ilk başladığın yerden oldukça ilerlemiş olacaksın. Aksi takdirde gece boyunca orada kalmak zorunda kalıp, daha büyük risk almış olacaksın. Belki de, "Keşke hava kararmadan önce adım adım ilerleseydim," diyeceksin.

Sonuç olarak hayatımızda bazen her şeyin net olmadığı, yeterli öngörüye sahip olmadığımız zamanlar oluyor. Bu durumlarda beklemek, daha büyük risklere yol açabilir. Ama bu tip durumlarla karşılaştığımızda adım adım ilerleyerek bir sonraki adımı görebiliriz.

Mesela bir ilişkiye başlamak konusunda kaygılısın diyelim. Önünde o insana şans vermek ya da hiç başlamamak gibi iki seçeneğin var. Karşındaki insanı yeterince tanımadığın için bir sonraki adımda ne olacağını bilmemenin verdiği kaygıyı hissediyorsun. Diğer yandansa kimseye şans vermeyerek aslında yalnızlık kaynaklı mutsuzluğa, yalnızlığa, ebeveyn olmama risklerine kapı aralıyorsun. Bilinmeyenin verdiği korku ile arzularımız, isteklerimiz ve rollerimizin dayattığı baskıların arasında sıkışıp kalıyorsun. Ya ileride sorun yaşayacağını düşünüp yalnızlığa (güvenli alana) çekilecek ya da tanıma sürecini adım adım yürüterek gidişata göre karar vereceksin.

Şayet belirsizliğe gelemeyen, kaygılı ve garantici biriysen ya balıklama dalar ya da abartılı kontrollü davranırsın. Her ikisi de risk yaratabilir. Tıpkı ya hemen güvenip hayal kırıklığı yaşamak ya da hiç güvenmeyip yalnız kalmak gibi.

Sis hemen dağılmayacaktır; bir başka deyişle karşındaki kişiyi hemen tanıyamayacaksın ama küçük adımlar ilkesi aracılığıyla ilerleyebilirsin. Attığın her adım, bir sonraki adımı gösterecek sana. Attığın her adımla önündeki belirsizliği birazcık daha aydınlatacaksın.

Hayat her zaman sana net ve kesin görüntüler sunmayacak elbette. Bir karar alacağında bir sonraki adımı %100 göstermeyecek.

Meslek hayatımda *keşkeler* ve *pişmanlıklar* yaşayanların birçoğunun sorunu buydu. Garantici davranma ve risk almama nedeniyle ertelenen kararlar ya da güvenli alandan iyice sıkılmanın yüzünden aniden verilen kararlar.

Karar almanın riskini göze almayanlar yerinden kıpırdamazlar.

Bu rutin ve monoton yaşamsa bir süre sonra sıkılma yaratır.

Bu sefer de aynı kararları alıp bu sistemi değiştirmek istediklerinde,

Yeterince bilgi toplamadan, yeterince tanımadan, sıkılmanın ve duygusal yoksunluğun motivasyonuyla hızlı kararlar alırlar.

Ya çok zor karar alırlar ya da hemen karar alırlar.

İşte bu nedenle birçok insan;

Uzun kararsızlıklardan sonra aldığı ani kararlar nedeniyle hataya düşebilir.

Bunun çözümü önce gereken bilgi ve tanıma sürecini yürütmek sonra da az da olsa bir miktar riski göze almaktır.

Hiçbir zaman %100 her şeyi bilmemiz ve bir sonraki adımı %100 kestirebilmemiz mümkün değildir.

Diğer yandan özgüven; güvenli alanda risk almadan acıdan, üzüntüden, belirsizlikten kaçarak gelişmez. Gelişmediği gibi sürekli geriler ve bir süre sonra bu durum, konfora dönüşür.

ZİHNİN KÂBUSU: ZİHİN OKUMAK

Zihninde kuruyor ve anlamlandırıyorsun, kendince senaryolar yazıyor ve sonra o kişiye tavır alıyorsun; küsüyor, uzaklaşıyor, hatta belki de ilişkiyi kesiyorsun. Derken an geliyor ve belki yıllar sonra belki de tesadüfen hiçbir şeyin o zamanlar düşündüğün gibi olmadığıyla, gerçek zannettiğin şeyin aslında sadece senin ürettiğin bir gerçeklik olduğuyla yüzleşiyorsun. Tabii iş işten geçmiş oluyor belki.

Geri dönülmez yollardan gidilmiştir. Yitirilen ilişkiler, kaybolan mutluluk ve geri dönüşüm kutusunda bekleyen üzüntüler, iç konuşmalar... İşte bunların tümü, belki teyit etmeden inanç haline dönüştürdüğümüz düşünceler belki kendimize göre yorumladığımız haller.

"Keşke sorsaydım...

Keşke alternatif düşünce geliştirseydim...

Keşke birinden farklı bir yorum alsaydım...

Keşke tahminlerimin esiri olmasaydım...

Keşke kendi doğrularımdan bu kadar emin olmasaydım.

Yoo hayır, illaki bildiğim, zihin okuruyum ben. Öyle zannetmişsem kesin öyledir.

Bir de kendimi inandırdığım altıncı his zırvalığım var.

Üstüne üstlük kendimi o kadar haklı görüyordum ki...

Zihnimden geçeni görsün...

Ben söylemeden anlasın...

İmalarımdaki mesajı bile hemen yakalasın istedim...

Hani ben onun zihnini okuyorum ya, onun da benim zihnimi okumasını bekliyorum kendimce. Leb demeden leblebiyi anlamasını beklemek gibi... Oysa leblebiyi bile olduğu gibi anlamayan birçok kişinin var olduğunu bilmeme rağmen..."

Kendini ifade etmekten kaçınıyorsun belki de. Ya anlaşılmayacağını düşündüğün için ya reddedilme kaygın ya da önleyici hizmetlerinle bir sonraki adımı kendince tahmin edip önlem alıyorsun. Bildiğin beklenti kaygını olaya yüklüyorsun. "Şimdi ben şöyle yaparsam o şöyle der, en iyisi ben böyle yapayım," der, kendince iki kişilik bir oyun oynarsın. Önce kendi adına ona soru sorar, sonra onun adına kendi soruna cevap verirsin. Cevapları da kendi pencerenden, kaygıya hizmet eden algınla verirsin. Çoğu zaman da olumsuz ve tedirgin edici cevaplar gelir hep.

Zihin okumak, en büyük iletişim engelidir. Hatta daha iletişime geçmeden iletişimi engellemektir. Bir kişinin doğrudan ve tek başına oynadığı oyundur.

Peki ama neden bunu yapıyoruz?

Zihin okumak ne işimize yarıyor?

Hangi ihtiyacımızı gideriyor?

Öncelikle zihin okumak, insanüstü bir güce sahip olduğumuzu değil, biraz kaygılarımızı, biraz takıntılarımızı, biraz da bunlardan doğan mükemmeliyetçiliğimizi temsil eder. Ön kestirim yapmak bir anlamda risk analizidir. Riski kendince minimize etmek isteyen kişi, zihin okuyarak bir sonraki hamleye göre pozisyon alır. Oysa çoğu zaman yanlış pozisyon aldığını bilemez. Hatta o pozisyonu önceden aldığı için olayın o yöne evrildiğini de fark edemez.

Her ne kadar çoğu zaman, "Bak tahmin ettiğim gibi çıktı!" diye kendini onaylasa da tahmin edemediği durumları önemsemez. Tıpkı falcının yüz şey söyleyip tutturduğu üç şeyi ön planda tutarak kalan doksan yedi iddiayı hiç göstermemesi gibi...

"Şimdi arkadaşların yanına gideceğim, muhtemelen bana yüz vermeyecekler, soğuk davranacaklar," diyerek ön kestirimde bulunan biri, oraya giderken beklenti anksiyetesini zirvede tutarak, hatta kendini de buna hazırlayarak gider. Peki nasıl gider? Gergin, suratı asık, savunma halinde.

Peki ama siz olsanız böyle birini nasıl algılardınız? Ben mesela böyle birini çok da ortama akmak istemiyor, mesafe koyuyor, samimiyeti sevmiyor diye yorumlardım ve çok da üstüne gitmezdim.

Bu sahnede kendini buna inandıran kişi, bunu doğuran kişi olduğundan bihaber hareket eder.

Belki geçmişte benzer şeyler olmuş olabilir veya kişinin temeldeki içsel değersizlik inancı ona bunun hep olacağını, hiç kimsenin onu gerçekten sevemeyeceğini söylemiş olabilir. Oysa bunların tümü dışarıdan asla bilinmez ve sadece dışarıya verdiği sözsel veya bedensel mesajlarla değerlendirilir.

Reddedilmenin acısını, egosunun yaralanma ihtimalini, dışlanma riskini, en baştan insanlara mesafe koyarak kendince önler. Önlediğini zanneder ama bu patinajdan da çıkamaz.

İşte zihin okuma, senin başkaları adına sanal karar verip onlara reel tepki vermenin kendisidir.

Zihin okuyarak, incinmeyi önleriz, saldırıyı önleriz, hatta o bizi terk etmeden biz terk ederek ayrılık acısını azaltırız. Oysa maalesef bunlara yıllarca inanır ve yıllarca bu tekniğin faydasına sığınırız.

Peki zihin okumasak ne olur?

Şeffaflık gereği her şeyi net ifade etmemizi, cevabını bilmediğimiz soruları sormamızı gerektirir. Buna cesaretimiz yoksa o diyaloğu zihnimizde gerçekleştiririz. En risksiz ve en kolay yol olarak.

Sormanın sorumluluğu,

Tartışmanın gerginliği,

Reddedilmenin geçici acısı,

Eleştirinin dayanılır tarafını görürüz.

Farkındaysan zihin okuyanların kendilerine yükledikleri *dayanıksızlık* etiketinden bahsettim. "Ya şöyle olursa," diye başlayan cümlelerin ne kadar fazla olduğu ortaya çıkıyor. Aslında zihin okumak, bir önleyici hizmet çalışmasıdır.

Zihin okuyan biriysen, ilişkilerinde çok fazla *niyet* kavramına başvurmak zorunda kalırsın: "Ben şöyle zannetmiştim, aslında şunun için yaptım... Zannettim ki artık benimle görüşmek istemiyorsun, onun için sildim," gibi cümleleri çok fazla kullanmak zorunda kalıyorsun. Aklında geçenler ile kendini savunurken bulabilirsin. Oysa yetişkini tanımlayan niyetler değil, eylemler ve söylemlerdir. Zannetmek, bir eylem ve söylem şekli değildir.

Daha önce de belirttiğim gibi bu konuda da somut eylemler ile zihin okumayla yüzleşebilir zihnini ikna edebilirsin. İnsan zihni bir noktadan sonra ancak somut deneyimler ile ikna olabilir.

O halde yapılması gereken şey zihinde kurmak ve cevaplamak yerine:

- Hemen o an sormak,
- Ne istediğinin anlaşılmasını beklemek yerine ifade etmek,
- Niyet avcılığı yerine karşıdakinin somut eylem ve söylemlerini esas almak,
- Olmayan durumları varsaymak yerine test etmek gerekir.

Zihin okumak, her ne kadar ilişkiler için gibi görünse de günlük yaşamımızda birçok konuda da yükleme yapabiliyoruz.

"Patron odasına çağırdı kesin kovacak... Trafik aksadı kesin bu iş olmayacak... Bugün çok güldüm kesin başıma bir şey gelecek," gibi analizler de olayları canlıymış gibi düşünüp onları konuşturmaya benzer.

Hem ilişkiler hem de gündelik yaşam için zihin okumalara verilebilecek cevaplarsa:

- Olursa onu o zaman düşünürüm.
- Kurguladığım gibi olacağına dair elimde hiçbir somut kanıt yok.
- Hisler kanıt olamaz.
- Daha önce 100 hipotez kurdum, sadece 2'si tuttu ama ben tutmayan 98'i görmezden geldim.
- Geleceği bilmek imkânsız ve insanlığın böyle bir yeteneği yok.

2. Bölüm

MUTLULUK TUZAKLARI

HERKES BENİ SEVERSE MUTLU OLURUM

Ben adım Özlem.

Neden insanlar böyle duyarsız?

Neden ben çabaladıkça ve memnun etmeye çalıştıkça, karşımdakiler duyarsızlaşmaya başlıyor?

Neden kimse benim kadar hassas değil?

Elimden geldiğince herkesin derdine koşuyorum, herkesi dinliyorum, herkesle ilgilenmeye çalışıyorum, hatta kimse ile kötü olmamak için çoğu zaman idare eden ben oluyorum. Yine de yalnız kalan, ihtiyacı olduğunda kimseye ulaşamayan hep ben oluyorum!

Mesela ben küsmeye gelemiyorum. İstiyorum ki işyerimde herkesle belli seviyede samimi olayım. Samimi olamıyorsam bile bari beni iyi bilsinler. Çatışmayı, gerginliği, küslüğü, çeteleşmeyi sevmem. Çoğu zaman ilk adımı atan hatta haklı olsam bile ilk özrü dileyen ben oluyorum. İtiraf etmeliyim ki ilk adımı atsam da ilk özrü dilesem de söz konusu kişiye içten içe öfkem oluşuyor. Üstelik gün geliyor en çok fedakârlık yaptıklarım, en çok öfke duyduklarım oluyor.

Bir gün işyerimize personel eğitimine gelen bir hocaya bu durumu anlattığımda, "Neden herkes tarafından onaylanmaya ve herkesle iyi geçinmeye bu kadar çok ihtiyaç duyuyorsun ki?" demişti. Ben de hâlâ mağdur sesimle, "Ama bunun neresi kötü?" demiştim. Hocaysa şaşkın bir ifadeyle, "Bir düşün istersen," demekle yetinmişti.

O eğitimde onay arayışının çocukluktan köklendiğini, memnuniyetsiz ebeveynin, eleştirel ebeveynin veya elâlemci ebeveynlerin çocuklarını da "onay ve koşullu sevilme" ile büyüttüklerini duymuştum. İçimde önce anne ve babama bir öfke kabardı, sonra ise, "Bu saatten sonra ne kimseyi değiştirebilirim ne de onlara hatalarını kabul ettirebilirim. Yine başının çaresine bakmak zorundasın," derken buldum kendimi.

Şöyle bir göz attım ilişkilerime:

Gerçekten de o sevgiyi almak için ne kadar ısrarcıyım! Ah, ne kadar çabalıyorum ben! Savaşıyorum adeta insanlarla... Eşimle, arkadaşlarımla, akrabalarımla... İnanmayacaksınız ama çocuğumla bile. Sürekli ona iyi bir anne olduğumu kabul ettirmeye çalışıyorum. O eğitimden sonra fark ettim ki, "İyi ki senin annenim değil mi?" diye çocuğuma bile kendimi onaylatmaya çalışıyormuşum.

Kendimle baş başa kaldığımda nedense çok sıkılıyorum. Zamansızlıktan yakınan ben, boş zamanı olduğunda da "yapacak bir şey bulamayan" kadına dönüşüyor. Ya istemediğim şeylerle uğraşıyorum ya da çok keyif almadığım kişilerle görüşmeye çalışıyorum. Ne mi bu? Boşluktan kaçmak tabii ki... O anlarda çok düşünüyorum. Genelde anlamsızlık ve değersizliğe kayıyor zihnim. Dolgu malzemelerim ile de bu düşünce patinajından kaçıyorum. Benim dolgu malzemelerim neler mi? Hemen sosyalleşmek, hemen ev işi yapmaya başlamak veya kendimi sakinleştirmek için tıkanırcasına yemek vb.

Kendimden kaçıyorum dostum ben. Kendi ihtiyaçlarımdan, düşüncelerimden, hislerimden... Bunlarla yüzleşmemek için de hep başkalarının ihtiyaçlarıyla, sorunlarıyla uğraşıyorum. Ne güzel bir denklem değil mi? Hani şöyle bir söz vardır ya; kendi sorunlarından kaçanlar, hep başkalarının sorunlarıyla uğraşanlardır. Yine kendi kusurlarıyla yüzleşemeyenler, başkalarının ayıplarını ortaya saçmakla uğraşırlar.

Biliyorum, biliyorum, benim sorunum kendimle...

Kabul etmekte zorlandığımız, ısrarla sürekli test ettiğimiz konulardan biri de herkes tarafından sevilmemiz halinde mutlu olacağımız yanılgısıdır. Bunun için çeşitli yöntemlere başvuruyoruz:

- Aşırı fedakârlık yaparak
- Aşırı uyumlu davranarak
- Sürekli taviz vererek
- Sınırlarımızı ortadan kaldırarak
- Aşırı sorumluluk alarak

Bu yöntemler üzerinden kendimize vermediğimiz sevgi ve değeri, başkasından alacağımızı sanıyoruz. Verip verip susuyoruz, sonra da patlıyoruz. Gün geliyor en çok fedakârlık yaptıklarımız, en çok tahammül edemediklerimiz oluyor. Tüm emeğimiz heba oluyor. Adeta elimizle yaptıklarımızı dilimizle yıkıyoruz. Perakende verdiklerimizi toptan yok ediyoruz.

Oysa bizim herkes tarafından sevilmemiz demek, kendimizi sevmememiz demektir. Herkes tarafından sevilmeye çalıştığın anda senin bir duruşun, tarzın, ağırlığın olmuyor. Adamına göre davrandığın için *el iyisi* veya *alkış delisi* diye tabir edilen biri oluyorsun. Büyük ihtimalle de zaman içinde onları suçluyorsun, iyilik bilmedikleri veya bencil oldukları için...

Herkes kavramını da biraz açalım: Bu herkesin içinde birbirine benzemeyen, birbiriyle anlaşamayan, birbiriyle çelişen çok kişi bulacaksın.

Peki nasıl olur da bu kadar farklı bir kitleye tek başına hitap edebilirsin? Mümkün mü? Bunun için herkese göre bir maske takman gerekmeyecek mi?

Bencili var, sorumsuzu var, öfkelisi var, kurbanı var, dominantı var... Senin herkes tarafından sevilmen için herkesin istediği gibi biri olman gerekecek. Bunun için ise bencile fedakâr, dominanta itaatkâr, sorumsuza kurtarıcı, öfkeliye de kuzu olman gerek.

Peki bu mümkün mü? Elbette hayır.

Şayet böyle olmak istersen adamına göre davranan ama adam gibi olmayan bir çizgi seçmiş olacaksın.

Buraya kadar olan kısımda bunun mümkün olamayacağını anlatmaya çalıştım. Yeterli mi?

Yine hayır. Peki ne yapmalıyız?

1. Neden buna ihtiyaç duyuyoruz?

Şayet olduğum gibi sevileceğime inanmıyorsam, insanların olmasını istediği gibi biri olarak bunu elde edeceğimi düşünürüm. Bu çekirdek düşüncenin ilk kaynağı da anne babanın bizimle ilgili algısıdır. Gözümüzü açtığımız andan itibaren ilk ilişki kurduğumuz kişi ebeveynimizdir. Onların gözünden uzun yıllar kendimizi görürüz. Onlar bizi nasıl algılıyorsa biz de kendimizi (farkındalık başlayana kadar) öyle görüyoruz. Onlar bizi koşullu sevdiyse biz de ancak insanlara koşul sunarsak sevileceğimizi düşünürüz. Bu durumda da onların koşullarına göre davranıyoruz.

Seni bir koşulla severim: İstediğim gibi davranırsan.

Seni bir koşulla severim: İstediğimi yaparsan.

Bu cümleler zamanla ilişkilerimizin ana dinamiği oluyor. Zaten herhangi bir koşul sunmadan bizi sevenleri de hemen eleriz veya hiç şans vermeyiz. Çünkü literatürümüzde koşulsuz sevme yoktur. Ya inanmayız ya da öyle biriyle nasıl ilişki yürüteceğimizi bilmediğimiz için belirsizlik kaygısıyla yol veririz.

Eğer küçük yaştan itibaren:

- Hep başarılı olursan,
- Evde uslu durursan,
- Verdiğim görevleri yaparsan,
- Benden bir şey istemezsen, ben de *seni severim* ile büyüdüysek, hep kendimizi sevdirecek kişileri seçecek ve onların bize vereceği gıdım gıdım sevgiyi kovalayacağız. Attığımız taş ürküttüğümüz kurbağaya değmeyecek, o sevgi boşluğu da bu yolla asla dolmayacaktır. Yıllar sonra ise başkalarına adanmış bir ömrü önümüzde bulacağız maalesef.

2. Peki sağlıklı olan yol nedir?

Kendini sevdirmeye çalışmak yerine *sevilmeye bırakmak* en sağlıklı ve en az maliyetli yoldur. Bu konuda tatmin, yetinme ve farklı musluklar üretmek gerekir.

Çok kişi ama az sevgi (bana göre gerçek sevgi, değil sadece takdir ve anlık ilgidir o) yerine az ve öz sevgi; verilenle/paylaşılanla yetinme; bütün duygusal ihtiyacını insanlar ve ilişkiler üzerinden gidermekten vazgeçip farklı musluklar bulmak.

İnsanlar tarafından sevilmeye çalışan, insanlara bağımlı olan kişidir. Onay ve takdir kişiye kendini ne kadar iyi hissettiriyorsa, eleştiri ve memnuniyetsizlik de bir o kadar yaralar bu kişileri. Kendini sevdirmeye çalışan, eleştiriye, asık yüze ve kıymet bilmemeye abartılı tepkiler ve üzüntülerle cevap verir. Bir şeyin tersi de çok acı verir.

İşte bu noktada yolumuz:

- Dengeli ve koşulsuz seven kişilerle yürümek,
- Koşul ve fedakârlıkla sevilmek yerine hayatındaki kişilerle mutlu, eğlenceli, keyifli ilişkiler kurmak,
- Sevgi ve mutluluğu sadece insanlar tarafından sevilme veya takdir görme üzerine kurmak yerine kendi kendini de mutlu etmenin yollarını bulmaktan geçer.

Son maddeyi biraz daha açmak istiyorum. Şayet yıllarca sadece başkalarının ilgisi, sevgisi, beğenisi üzerine bir *mutlu ve değerli olma* denklemi kurmuşsan, başka şekilde mutlu olma yollarından haberdar değilsin demektir. Dışa bağımlı kalmışsan, içindekini görmezsin. Burada da, "Beni ne mutlu eder?" sorusu seni uyandıracaktır.

- Spor
- Arkadaşlar
- Üretim/iş
- Kök aile/akraba ilişkileri
- Bireysel yapacağın etkinlikler
- Hobiler
- Gezi/tatil/seyahatler

Ben birkaç tane saydım sadece. Yani senin insanlar tarafından sevilme veya onaylanma dışında mutlu olabileceğin farklı muslukların olmalı. Yani mutluluk havuzunu, elâlem sevgisi gibi tek bir muslukla değil, birçok farklı muslukla doldurman gerekir.

Böyle davranmanın faydalarıysa:

- İnsanları önce yüceltip sonra yermezsin.
- Sürekli fedakârlık yapıp ardından gelen kopmalar yaşamazsın.
- Sürekli yeni insanları hayatına çekip eski sonuçlarla karşılaşmazsın.
- Daha az yorgunluk, daha eşit çaba ve daha çok kendine zaman ayırabileceğin, bireysel sistemin olur.
- İnsanları daha az suçlarsın.
- Kendini daha az kullanılmış hissedersin.

Bu arada kendini sevdirmekten vazgeçmenin tersi kimseyi umursamamak değildir.

Yalnızlığı yüceltmek değil, eşdeğer ve karşılıklı sorumluluklar içeren ilişkiler kurmaktır.

Herkesin seni sevmesi seni mutlu etmez.
Zaten bu mümkün değil.
Zaten buna ömür de yetmez.

Zaten bu yolla seni değil,
senin ona sunduklarını sevmiş olurlar.

Zaten çabalayan hep sen olduktan sonra
herkes sana yanaşır.

Zaten kendini sevdirmeye çalışan,
kendini sevmeyi bilmeyendir.

Zaten elâlemi merkezine koyan,
kendini dışlayandır.

Şimdi anlıyorum ki çok kişi tarafından değil, az ve öz kişi tarafından sevilmek insana kendini değerli hissettirir. Oysa benim yaşadığım kendemi sevdirmek uğruna insanların sevgisini satın almaktı. Allah aşkına ne yapıyorum ben?

- *"Ben bir yetişkinim ve eşit çaba-eşit ilişki en doğal hakkım," diyorum.*
- *Kendimi sevdirmeye çalıştığım insanlara artık net bir tavırla saygı, değer, sınır kavramlarını ifade ediyorum. Evet, bazılarının hoşuna gitmedi bu ama bir kısmı, "Bizim için fark etmez, biz seni her halinle seviyoruz," dedi.*
- *İçimdeki onaylanma ihtiyacımı, "Kendimi seviyorum, kendimi onaylıyorum, ben iyi ve değerli biriyim," diyerek gideriyorum. Ayrıca ara ara kendime, "Canım kendim," demeyi alışkanlık haline getirmeye çalışıyorum.*
- *Kimsenin kimseden bir üstünlüğünün olmadığını, farklılıklara saygı duyulması gerektiğini artık kabul ediyorum. "Ben de herkes gibi insanım, eşitim. Sevilmek ve onaylanmak için kendimi kimseye kanıtlamak zorunda değilim," diyorum.*
- *Kimseye öfkem yok, kimseye tepkim yok. Geçmişteki insanlara kızgın/kırgın değilim. Onlar sayesinde sorunumu buldum.*
- *Herkes tarafından sevilmek mümkün değil. Herkesin beni sevmesi gerçekçi de değil. Bunu kabul ediyor ve işe önce kendimi sevmekten başladığımı kendime ilan ediyorum.*

Gerçekten neye ihtiyacın var? Bu sorunun cevabını bulamadıkça sanırım yanlış yerlerde doğru cevabı arayacağız. Eczaneden domates, kasaptan ilaç, fırından süt isteyeceğiz.

Birçok patinaj çabanın altında, gerçek ihtiyacın farkında olmamanın getirdiği yanlış giderme yolları bulunuyor. Üstelik kişinin hayatında bazen bu, yıllarca sürmekte.

Peki neye ihtiyacım var? Ne istemeliyim?

- Değersiz olduğumu hissediyorsam saygıya,
- Baskı altında olduğumu hissediyorsam özerkliğe,
- İlgi görmediğimi düşünüyorsam sevgiye,
- Yalnız olduğumu hissediyorsam paylaşıma,
- Ciddiye alınmıyorsam yetkiye,
- Güçsüz olduğumu hissediyorsam güvende olduğumu hissetmeye ve desteklenmeye ihtiyacım vardır.

Hislerimizi tanımamız ve en uygun karşılığı fark etmemiz gerekiyor. İkinci aşamada ise bu ihtiyaçlara uygun davranışlar geliştirmeliyiz.

Bir arzumuzu *elde etme yolunda* yaptığımız yanlışlarla işe başlayalım. Doğru davranışları da görelim.

İhtiyacım Olan Şey	**Yanlış Yöntem**	**Doğru Yöntem**
Sevilmek	Fedakârlık yapmak, taviz vermek, kurtarıcı olmak.	İyi insan olmak, kendini sevmek, diğer insanları sevmek ve iletişim içinde olmak.
Değer görmek	Başarılı olmak, itibarlı statü elde etmek.	İlişkilere değer katmak, adalet, güler yüz, yardımseverlik, sabır, esneklik vs.

Özerk olmak	İsyan, inatçılık, agresif tepki.	Kendini ifade etmek, sınırlarını çizmek, yerinde evet ve hayır demek, kararlı olmak.
İlgi görmek	Hep verici olmak, kendinden vazgeçmek, dış görünüşe yatırım yapmak.	Kendin olmak, *az ve özü* kabul etmek.
Ciddiye alınmak	Fark edilmeyi beklemek, bağırmak, kesip atmak.	Kendini ifade etmek, taleplerini söylemek, ciddiye alınmadığı yerlerde bu talebi ifade etmek, olmuyorsa durmamak.
Destek görmek	Sürekli âciz görünmek, sürekli yakınmak, söylemeden anlaşılmayı beklemek.	Talep etmek, ifade etmek, sürekli güçlüymüş gibi davranmaktan vazgeçmek, üzüntüyü, acıyı, ihtiyacı söylemek veya istemek.
Sosyal olmak (kendini yalnız hissetmemek)	Aranmayı beklemek, ilişkileri kurala oturtmak, olmadık insanlara emek harcamak, kendini yalnız hissetmemek için yanlış tipleri yaşamına çekmek.	Yalnızlık hissi ile barışmak, arayıp soran iletişim kuran olmak, yanlış kişide ısrar etmemek, kendini yalnız hissettiğinde bunu ifade etmek, ilişkileri küçük şeyler için ilişkiyi bitirmemek, hoşgörülü olmak.
Mutlu olmak	Hep başkasından beklemek.	Kendinden çok, başkasından az beklemek (sorumluluk almak).

Herkesin seni sevmesine gerek yok.

Herkes tarafından onaylanmana,
takdir edilmene gerek yok.

Sen kendin ol.

Bırak sadece az ama öz sevenin olsun.

Hem daha az yorulur,

Hem kendini sevdirmek için çabalamaz,

Hem de olduğun gibi kabul edildiğin
için huzurlu olursun.

Bu dünyada en zor şeylerden biri ait
olmadığın yerde bulunmaksa,

bir diğeri de kendini insanlara
sevdirmeye çalışmaktır.

Sevgili Dostum,

Sevgi satın alınan bir şey değildir.

Koşul sunularak elde edilecek bir şey de değildir.

Koşullar sunduktan sonra herkes sana
"o an için" ilgi gösterir.

Bunun yerine kendini sevdirmeye bırak.

Sen iyi biri ol.

Adil biri ol.

Sevecen, eğlenceli ve yardımsever biri ol.

Böyle biri olduktan sonra da böyle olanlar ve bu
özelliklerin kıymetlini bilenler sevecek seni zaten.

Kendini sevdirmeye çalışmak yerine, kendini sev ve
kendine değer yükleyecek özellikler edin.

Sevdirmeye harcayacağın emeği,
kendini geliştirmeye aktar.

BAŞARIRSAM VEYA KAZANIRSAM MUTLU OLACAĞIM!

"Benim adım Ali.

Beni tanıyan herkesin aklına hırs, başarı ve motivasyon gelir. Bir şeye başladıysam mutlaka istediğim sonucu elde etmeliyim. Öyle yarım bırakmak bana yakışmaz. Ne zaman ki sonuç alırım ancak o zaman tadını çıkarabilirim. Sonuç alana kadar da tüm gücümle ve dikkatimle ona odaklanırım. Adeta hayatımın merkezidir o konu.

Mesela zamanında, 'İki yıl içinde Audi marka bir otomobil alacağım,' diye kendimi koşullandırmıştım. Tam o günlerde işlerim iyi gitmedi, gelirim düştü. Bir yandan toparlanmaya çalışırken bir yandan da inadım tuttu, hedeflediğim arabayı almak için çırpındım. Hiç yoktan mesai süremi 10 saatten 13 saate çıkardım. Eve geldiğimde direkt bilgisayarımı açıp işe devam ediyordum. Tabii sonra fark ettim ki babalığımı, kocalığımı, evlatlığımı, arkadaşlığımı ihmal etmişim. Körü körüne saplandığım hedef yüzünden iki yılda beş yıl yaşlandım. Eşimle aram açıldı, çocuğum içine kapandı, öpmeme bile izin vermemeye başladı.

Benim böyle bir kötü huyum var işte. Kafaya bir şeyi taktım mı, akışına bırakamıyorum. O düşünce, hedefim olmaktan çıkıp patronuma dönüşüyor. Tüm hayatımı yöneten adeta mükemmeliyetçi ve narsist bir patron yaratıyorum kendime. Sanırım kendime karşı çok acımasızım. Sanki o hedefe ulaşırsam, mesela arabayı alırsam, her şey daha iyi olacak ve ben ihmal ettiğim her şeyi fazlasıyla telafi edeceğim. 'Öyle mi oluyor gerçekten?' diye sorarsan, 'Asla!' derim. Bu kaçıncı patron hedefim benim. Bu kaçıncı, 'Bu sefer son!' deyişim. Şimdi dönüp geriye baktığımda seçtiğim her hedef, ulaşana kadar ömür tüketmiş bende."

"Ya o hedefe ulaştığında ne oluyor Ali?"

"Ah, o da ayrı bir komedi ve hüzün... Ulaşıyorum ya, ilk 15-20 gün iyiyim, mutluyum, başarılıyım, değerliyim ve kendimle gurur duyuyorum. Yani bildiğin dünyanın en mutlu anlarından oluşan bir filmin içinde yaşıyorum. Ardından zirveyi gören hisse senedi gibi iniyorum aşağıya yavaş yavaş. Yirminci günden sonra adım adım iniyorum o merdivenlerden. O kutsallaştırdığım hedef, sıradan görünmeye başlıyor bana. Her gün sildiğim, kapısını yavaş kapattığım arabamı yıkatmaya götürmeyi bile erteliyorum. Bir süre sonra hedefi seçme sürecinin başındaki ben çıkıyor ortaya. Yine kendini boşlukta gören Ali... Yeniden iyi, değerli, başarılı ve anlamlı bir yaşam için hedef arayışına giren biri olarak görüyorum kendimi. Sanırım sorunum başarmak veya hedefler değil; içimdeki susmayan mutsuzluk, değersizlik veya başka bir şey."

Yeni dönemde ne çok Ali var değil mi? Bir şeye ulaştığında hayatında her şeyin değişeceğine inanan, tek mutluluk kaynağını o amaca bağlayan, başarıyı ve hedefi gerçekleştirmeyi yeni bir dünyanın kapısından girmeye indirgeyen... Oysa hangi hedef olursa olsun hiçbir şey tek başına bizi hayat boyu mutlu edemiyor: Ne elde edilecek bir başarı, ne evlilik, ne para, ne kariyer ne de başka bir şey.

Bir araştırmanın sonucunu okumuştum. İngiltere'de yapılan bu araştırmada başarının da paranın da getirdiği mutluluğun, bir süre sonra ters bir U misali eski haline döndüğü, eskisinden kısmen daha üstte kaldığı tespit edilmiş. Burada hemen şuna da değinmek istiyorum. Psikoloji ve kişisel gelişim üzerine yazan ve çalışan birçok kişi paranın mutluluk getirmediğini söylese de paranın (*Varyemez Amca* olmamak şartıyla) yaşamında kullanırsan belli bir oranda mutluluğu artırdığını kabul ediyorum. Zaten bahsettiğim araştırma da eskiye oranla mutluluğun arttığını göstermiş.

Konumuz mutluluk tuzağı... Bu başlığın tuzak konusu da para ve başarı olduğu için şunu da belirtmek gerek:

Para iyi bir yatak verir ama kaliteli uyku vermeyebilir. İyi bir ev verir ama huzurlu bir yuva vermeyebilir. Her türlü sağlık hizmetini sağlar ama % 100 fiziksel ve ruhsal sağlığı garanti etmez.

Ve daha birçok örnek...

Para kazanmak bize konfor ve pratik bir yaşam sağlar. Bir noktaya ulaştığımızda ondan sonra kesin çok mutlu olacağımıza dair düşüncemiz ise bir yanılgıdır. Ve enteresandır ki her defasında tekrar etmemize rağmen yine de o patinajdan çıkamayız.

HER ŞEYİ NETLEŞTİRİRSEM MUTLU OLACAĞIM

Benim adım Ayşe.

Adım gibi net olmasını istiyorum her şeyin. Hiç belirsizliğe gelemem ben. Mutlaka net olacak her şey. Siyah ya da beyaz. Öyle gri falan sarmaz beni. Gri denildiğinde doğrudan boşluk, dipsiz bir kuyu, dalından savrulmuş bir yaprak gibi hissediyorum kendimi. Bir an önce netleştirmeliyim; ilişkimi, işimi, kazancımı, gelirimi giderimi... Hafta sonu yapacağımı bile salı gününden planlamalıyım. Bir sorun yaşıyorsam hemen netleşmeli mesela. Öyle yarım falan kalması, sorunun kendisinden daha çok rahatsız eder beni. Küslüğe gelemem mesela. Ya bitsin ya da barışalım.

İlişkilerimde de öyleyim. "Ciddiyse başlayalım," derim. "Evleneceksek deneyelim," derim. "Mutlu olacaksak çıkalım," derim. "İleride aldatmayacaksa, iyi biri olarak kalacaksa yürüyelim," derim.

Kısacası "garanticiyim" ben.

Peki ne durumdayım?

Hayatı hiç akışına bırakamıyorum. Her şeyi kontrol ediyor, her şeyden haberdar olmak istiyorum. Sürekli bilgi almak isterken hesap soran birine dönüşüyorum. Kendiliğinden çözülecek sorunları bile acele edip doğal akışı boz-

duğum için yavaşlatıyorum. Sırt ağrılarım bitmiyor, bu aralar migren atakları da yaşıyorum. Kendimi sürekli bir şeylerle meşgul olurken buluyorum. Sanırım boşluğa da gelemiyorum. Ha bu arada gevşeme alanım yok gibi. Bir iki alan var, ama onlar da adeta bağımlılık gibi: Yemek içmek, internet ya da alışveriş gibi.

Öleceğini bile bile yaşayan ve ne zaman öleceğini, başına ne zaman ne geleceğini de bilmeden yaşayan tek canlıdır insanoğlu. Doğası gereği bu kadar belirsiz hayat sürdüren insanın her şeyi bilmeye, her şeyi kontrol etmeye çalışması, gökyüzünü mızraklamak gibi beyhude bir çabadan başka bir şey değil.

Sevgili Ayşe,

Belirsizliğe gelemeyen kaygılı tarafının genetik boyutu olabileceği gibi yetiştiğin aile ortamından da kaynaklanma ihtimali var. Ebeveynlerimiz kendilerini güvende hissetmediklerinde (her ne kadar adına güçlü kadın/erkek deseler de) hayatı kontrol etmeye, sürekli ortaya çıkma ihtimali olan sorunları çözmeye çalışırken kendi kaygılarını çocuklarına bulaştırır. Bu, her zaman ekonomik veya güvenlik ile alakalı da değildir. Ailenin herhangi bir sorunu olmasa da kişinin kaygılı yapısı onu tamamen esir almıştır.

Ebeveynlerimizin kaygısı; bize sürekli güçlü olmayı, kimseye muhtaç olmamayı, hep başının çaresine bakmayı emrederken; bizi soruna tahammül edemeyen, stres veya olumsuz duyguyla başa çıkamayan, hayatı ve olayları akışına bırakamayan birine dönüştürürler.

İlerleyen dönemlerde biz, bilmediklerimizden korkan, belirsiz olanın mutlaka sorun olabileceğine inanan, konfor ve güven alanından çıkmayı istemeyen birine dönüşürüz. Kurduğumuz düzenin bozulmaması için sürekli tetikte olur, sürekli kontrol ederiz.

Her şeyi netleştirmeye çalışmak, insanoğlunun en büyük mutsuzluk tuzaklarından biridir. Bu tuzağa düşen kişi, kendini güvende hissetmekle mutlu hissetmek arasında seçim yapması gerekirse *güvenli* alanda kalmayı seçer. Kendini güvende hissetmek ise ne enteresandır ki bir süre sonra o rutin ve sıradan yaşam nedeniyle mutsuz eder ve riskli adımlara yol açar.

Belirsizliğe gelemeyen kişi, sorun varken normal hayatı sürdüremez. İllaki o sorun çözülecek ve kafası (zihni) rahat olacaktır. Her şeyi netleştirmek isteyen kişilerin çoğunluğu bunu biraz da zihin rahatlığı için yapar: *Bu mesele kafama takılmasın da rahat edeyim en iyisi.*

Günlük sorunları çok büyüttüğü için gevşeme alanları sürdürülebilir değildir. Kendine çok zaman ayırmaz. Zihin hep değirmen gibi döner. Bu nedenle de aynı sorun kendisini bir süre sonra takıntı gibi esir alır!

Her şeyi netleştirmeye çalışırken o konuyla ilgili detayları bir süre sonra sen yapmaya başlayacaksın. Belirsizliği, belirli hale getirmenin bedeli, kendini ihmal etmekle olur.

Belki bu yüzleşme hoşuna gitmeyecek ama bunun adı fedakârlık değil. Sen hayatı doğal akışına bırakamıyorsun ve bunun için çok savaşıyorsun diye seninle beraber yaşayıp olayları akışına bırakan, olduğu kadarıyla yetinenleri bencil, sorumsuz ve umursamaz olarak tanımlamamalısın. Onlar mı çok rahat, sen mi çok tetiktesin?

Belki de akışına, oluruna bıraksan tahmin ettiğin kadar büyük sorunlar çıkmayacak.

Belki de herkes kendi sorumluluğuyla yüzleşecek.

Hatta belki de bazı konularda kıymetin de bilinecek.

Bunun yolu da yüzleşmek.

Şimdi senden, "*İleride bir gün ya şöyle olursa ya böyle olursa,*" gibi olumsuz ve tetikleyici meşhur iç sesinle konuşmanı istiyorum. Ona mantıklı ve gerçekçi cevaplar vermediğin sürece o susmayacaktır zaten.

İlk cevabın şu olabilir:

"İleride bir gün, ... olursa, bunu o zaman düşüneceğim. Şimdiden % 1'lik ihtimalin önlemini alarak bir şeyin olmasını zaten engelleyemem. Kaldı ki belki de bahsettiğim sorun hiç olmayacak. Onun ortaya çıkmaması için yıllarca önlem almaya emek harcayacağıma, o sorun

çıkarsa onunla nasıl baş edebilirim, diye düşünerek çözüm yönümü geliştirebilirim."

"İleride bir gün, ... olayı başıma gelirse, onu nasıl çözerim?" diye kendine sor. Seçenekleri geliştir, çözümleri şimdiden bul.

Mesela işsiz kalırsam düşüncesiyle işyerinde sürekli tedirginsin. Hep fazla mesai yapıyorsun. En küçük bir eleştiriyle bile kaygın depreşiyor. Patronun suratının peşinde koşuyorsun. Onun her mimiğinden bir anlam çıkarmaya çalışıyorsun. Yaptığın işin üstünden dört beş kez geçiyorsun. Oysa herkes seninle aynı ürünü çıkarırken daha mutlu, daha gevşek ve daha rahat...

Belirsiz bir durumla karşılaşmamak için sürekli efor sarf ediyorsun. Şimdi seçenek geliştirip o korkunun gerçekleşmesini analiz edelim.

İleride bir gün işsiz kalırsam ne yaparım?

Şu ana kadar girdiğim işlerde hep başarılı oldum.

Ben zaten işimi herkesten iyi yapıyorum,
çıkarılacak son kişiyim.

Yeni bir iş ararım.

Birikimimi kullanırım.

Yeni bir iş kurarım.

Çalışkanım, azimliyim, bir şekilde yine çalışırım.

O gün geldiğinde yine bir şeyler yaparım.
Kendime güveniyorum.

Ya eşim ileride beni aldatırsa?

Bunu şimdiden bilmem mümkün değil.

Enerjimi henüz gerçekleşmemiş bir sorun uğrunda harcarsam, eşime vereceğim şey mutsuz ve huzursuz bir ruh hali olur.

Normalde eşimin aldatmayı çağrıştıran bir özelliğini veya bir durumu-davranışını şu an için göremiyorum.

Şayet ileride bir gün eşim beni aldatırsa onu o zaman düşünürüm. Affeder miyim? Ayrılır mıyım? Şans verip dener miyim? O zamanki şartlara göre düşüneceğim. Bu düşünce üzerinde kafa yormak, düşünceyi önlemeye hizmet etmek değildir. Düşünüp düşünmememin bunun olup olmayacağı konusunda bir katkısı olamaz.

O halde ben ilişkimin tadını şu anda çıkarayım.

İleride bir gün öyle bir şey olursa, onu o zaman düşünürüm.

Netlik ve kesinlik algını değiştirmek istiyorsan bir süre adım adım devam edip durumu akışına bırakarak maruz kalmalısın. İlk başlarda gerginlik hissetmen, kontrolü kaybettiğine dair kaygı yaşaman normal. İçten içe bir şeyler kötüye gidiyor hissine kapılacaksın. Bu iyi bir şey. En azından senin elinde olan/olmayan kısmı da ölçmüş olacaksın.

Bu arada şuna da karar vermelisin:

Bir şeyler senin istediğin gibi olmayacak! Senin istediğin zamanda olmayacak! Buna tahammül edersen başkalarının da sorumluluk almasına fırsat tanımış olacaksın. İlk başlardaki düzenin bozulduğu hissi 48 saat sonra, "Ne olacaksa olsun!" moduna dönüşebilir. Zaten senin en rahat ve gevşemiş halin, emin ol bir başka kişinin en temkinli haliyle denktir.

İnsan zihni söylemlerle değil ancak ve ancak somut eylemlerle (davranışlar ve yaşantılarla) ikna olur. Her şeyi kontrol etmediğinde, her şey net olmadığında da hayatının aktığını, tahmin ettiğin kadar kötüye gitmediğini göreceksin. Herkes gibi rutin işlerini yaptıktan sonra önceden önlem almak yerine *yeri geldiğinde* ve *sorun esnasında* devreye girmen gerektiğini uygulamalarla zihnine kabul ettirebilirsin ancak.

Aşırı kontrolü bıraktığında gitgide ciddi bir boş zamanın oluşmaya başlayacak ve o zamanı da nasıl değerlendirmen gerektiğini planlaman gerekecektir. Buradan reçete misali şunu yap bu sana iyi gelir dememi beklememelisin. Sen, sana neyin iyi geleceğini keşfettikçe daha sürdürülebilir *gevşeme alanları* bulacaksın.

Yani akışa bırak, yüzleş, kontrol ve belirsizliği netleştirmeden artan enerjine yeni ve sana uygun kanallar bul. Ayrıca bunu belli bir süre sürdür.

GÜÇLÜ OLMAK MI MUTLU OLMAK MI?

Benim adım Murat.

Şimdi iş güç sahibi bir adamım. Ancak çocukluğuma dönersek o döneme ait zor bir deneyimim var. Ailemle Ankara'da yaşadığımız evimizde her sabah ekmek almaya ben gidiyordum. Üstelik evde beş kardeşim daha olmasına rağmen... Benden yaşça iki küçük, üç büyük kardeşim varken fırına gitme ihalesi döner dolaşır bana kalırdı. Alttaki ikisi küçüktü gidemezlerdi. Üsttekilerse büyüktü gidemezlerdi çünkü küçük varken büyük gitmezdi.

Çocukluğumda görev denildiğinde aklıma fırın, fırın denildiğinde de aklıma kader kurbanı "ben" gelirdim. Sabah kalkıp ekmek almanın sıkıcılığından, o sıcacık, çekilmesi ve kaldırılması bile büyük güç isteyen yorganın altından çıkıp gitmenin zorluğundan çok, yaşadığım adaletsizlikle uyanırdım. Önce annemle klasik "Niye ben!" kavgasını yapar, sonra annemin destek kuvvet çağırmasıyla, yani babamın sert ve rest çeken tavrıyla yola koyulurdum.

Aslında annem ilk başlarda diğer kardeşlerime de ısrar etmişti. Abilerim ve ablam bu konuda benim dışımda birbirleriyle savaşmış, annem de bir çözüm üretemediği için topu bana atmış, ben de karşı koyamamıştım. Bugün baktığım-

da bunun doğuştan gelen bir mizaç tarafının da olduğunu düşünüyorum. Çünkü hareketliydim, boş durmayı sevmezdim ayrıca sevilmeyi ve ilgi odağı olmayı da pek severdim.

Kaşlar çatık, surat asık, savaşı masada kaybetmiş bir komutan görüntüsüyle bakkalımıza gider ve dönerdim.

Belki de o zamanlar uğradığım haksızlıktan olsa gerek ilerleyen yıllarda "kendimi ezdirmemek" sloganım olmuştu.

Ekmeğe gitmek konusundaki yenilgimde sadece anne ve babama değil, kardeşlerime de öfkeliydim. Ben eve döndüğümde annem kahvaltıyı hazırlamış, çay demlenmiş, masanın kurulumu bitmiş olurdu. Bizim kardeşler ise oh, esneyerek uyanmaya çalışırdı hatta en büyük beyefendi anneme fırça atardı; "Niye bu saatte uyandırıyorsun? Ben sonra yaparım kahvaltımı anne," diye.

İçten içe ben hem bir saat erken uyandırılıp hem de onca yolu gidip gelirken herkesin bu kadar rahat olmasına ve hâlâ bir de sitem etmelerine pek öfkeleniyordum.

Ekmek alma görevi bana o kadar yapışmış olacak ki akşam yemeğinde bile ekmek lazımsa saat beş gibi annem sokakta oynadığım esnada yine bana seslenirdi, "Oğlum hadi gel, neredesin! Bakkala kim gidecek?" Kardeşlerimin bu akşam servisi konusundan hiç rahatsız olmamaları ayrıca sinirlendirirdi beni.

Hatırladığım ilk baskılanma hikâyem buydu!

Yıllar sonra iç dünyamda ebeveynlerime olan öfkemin bir analizini yaptığımda en çok bu ekmek mevzusu aklıma gelecekti. En çok da bana yapılan haksızlık ve buna itiraz ettiğimde yaşadığım kaygıyı ve korkuyu hatırlayacaktım.

İnsanlar hikâyeleri tam hatırlamasa bile yaşadıklarının duygularını unutamıyor. O dönem ile ilgili en çok hatırladığım duygu, haksızlığa maruz kalmanın çaresizliği ve öfkesiydi.

Kişi, çocukluğunda haksızlığa çok fazla maruz kalmışsa ilerleyen dönemlerde en küçük haksızlığa ve adaletsizliğe tepkisi yüksek ve sert oluyor. Abartılı bir eşitleme ve adalet algısı oluşuyor. Geri dönüşüm kutusu dolu olduğu için 5 birimlik bir haksızlığa 75 birimlik tepki verebiliyor. Bunu da oldukça ateşli şekilde savunuyor. Kısmen de olsa kendini sürdüren bir travma bu.

* * *

Ekmek alma travmam sanırım ortaokula kadar sürdü. Ortaokul hikâyeme geçmeden önce ilkokulda da bu "güçlü olmalıyım" ısrarımın altyapısını oluşturan yaşantılarımı anlatayım.

Annem çok paniktir. Her şey onu yerinden sıçratabilir. Sanırım kendi çocukluğunda küçük yaşta babasız kalması ve yine küçük yaşta üvey babayla yaşamasının getirdiği dayanıksızlıktan... Annemin bu hassas ve dayanıksız hali nedeniyle ona sorunlarımı anlatamazdım.

Mesela ilkokulda öğretmenimden dayak yemiştim. Anneme söylemek istedim fakat vazgeçtim. Ya babama söylerse, ya beni suçlarsa ya "Seni okuldan atacaklar eyvah ne yaparız!" derse diye. Onun o kırılganlığı bende de, "Annenden fayda yok, kendi başının çaresine bakmalısın!" düşüncesini doğurdu.

Babamın öfkeli olması, her şeyi kavga ve şiddetle çözmesi de ayrı bir korkuydu benim için. Bir kere arkadaşımla kavga edip babama söylemiştim. Babam önce bana kızmış, "Sen nasıl dayak yersin? Ben hiç dayak yiyerek eve geldim mi?" demiş, sonrasındaysa arkadaşımın babasıyla tartışmıştı. Oysa biz daha sekiz yaşında iki çocuktuk. Az kalsın büyük bir kavgaya dönüşecekti konu. Akşam babam bu olaylara benim neden olduğumu söyleyerek bir kez daha suçlamıştı beni.

Böylece ilkokulda hayatın bana öğrettiği şey şu oldu: Kimseden sana fayda yok. Başının çaresine bak!

Kişi, çocukluğunda ebeveyn desteğini arkasında görememişse hayata 1-0 geride başlıyor ruhsal olarak. Zamanla bu eksikliği, aşırı telafi yöntemleriyle başarı veya güç alanına kaydırıyor. Arkasında anne babasını göremeyen biri, küçük yaşlardan itibaren yoğun sorumluluk duygusu ve erken büyüme sorunlarıyla baş başa kalıyor. İlerleyen yıllardaysa yaşayamadığı çocukluğun, eksik kalan sevginin tamamlanması için insanlara koşul sağlayarak sevilmeye çalışıyor. Ya kurtarıcı oluyor ve annesi gibi başının çaresine bakamayan bağımlı tarzda ilişkiler kuruyor ya da bencillerin tuzağına çok çabuk düşüyor. Aradığı şey ise *içten ve samimi sevgi*.

Kendimizi güvende hissetmemizin en büyük kaynağı ebeveynimizin bizimle ve dünya ile ilişkisidir. Dünyanın güvenilir bir yer, insanların ise güvenilir kişiler olmadığını söyleyen bir ebeveyn, çocukta kimseye güvenmeme şeması yaratır. Çocuk ise hayatı boyunca kimseyle işbirliği yapamaz, beraber olduğu kişiye tam olarak yaslanamaz, onun ilgisini ve sevgisini sürekli sorgular ve test eder.

Ortaokula başladığım yılları anımsıyorum da... Bugün olduğu gibi marka ve havalı kıyafetler ön plandaydı okul ortamında. Önemli olan jöleli saçlar ve fark atan giyimdi. Ben ise bu imkâna sahip değildim. Babam yokluk çeken bir aileden geldiği için kendini sadece para ve birikimle güvende hissedeceğini düşünüyordu. Hatta sürekli şu sözü söylerdi: "Fakirsen kabadayı olamazsın, fakirsen kimse seni ciddiye almaz, paran yoksa adam yerine koymazlar." Öyle çok duyardım ki bu sözleri, adeta para denilen şeyin her şeyi çözeceğine inanıyordum. Babam için kendini güvende hissetmek çok önemliydi. İlginç olan o da tıpkı annem gibi küçük yaşta babasını ve annesini kaybetmiş. Babam kendini yalnız ve sahipsiz hissetme düşüncesiyle hep çalışmış ve güçlü olmak için siyasete girmişti.

Ortaokul benim para kazanma olgusuyla tanıştığım dönemdir. Dayımın yanında hafta sonları garsonlukla başlayan maceram, para kazandıkça artan özgürlüğüm, artan itibarım ve buna bağlı olarak artan ilginin zehriyle daha çok motive olmuştum. Artık kendimce bir yol çiziyordum: Başarı ve para... Bu yolla insanların beni sevmesini ve bana değer vermesini sağlayacaktım. Kendini güvende hissetmeyen kadın eşine bağımlı olurken, kendine güvenmeyen erkeğin işe bağımlı olması gibi dayım da tam bir işkolikti. Doğal olarak ondan da sevgi ve destek konusunda beslenemeyecektim. Sadece karşılıklı bir ticari ilişkimiz olacaktı.

Mesela dayım, "Burası senin sayılır, kendi malın gibi sahip çıkacaksın," derdi ama en düşük maaşı da bana verirdi. Bana kendimi patron gibi hissettirip bu algıyla daha çok performans almaya çalışırdı. Diğer yandan işçilerle samimi olmamın önüne geçerdi. Hem işçisin hem de patron gibisin. Ama hiçbir çalışan seni desteklemiyor, çünkü patron tarafından korunuyormuşçasına bir imajın var. Oysa en çok da patron seni sömürüyor. Ne çelişki değil mi ama?

Dayımın yanında çalışmak, bana müthiş bir pencere açmıştı. Başımın çaresine bakabilecek bir yol bulmuştum; ya paranın gücü ya da başarının gücü. Kazandığım parayla kıyafet alıyor ve okulda ilgi ihtiyacımı gideriyordum. Aynı zamanda kazandığım para nedeniyle ailemde itibarım vardı. Hatta eve destek oluyordum ki babam da bana karşı acayip değişmişti.

Aşırı telafilerin çoğu, bir alandaki eksikliğin başka alandaki fazlalığıdır. Bir insan işkolik ise yaşamının başka alanındaki eksikliği giderir. Bir kadın eşkolikse kendini mutlu etme enerjisini eşine yükler. Bir insan çok fazla başarı peşinde koşuyorsa değersizlik veya kendini güvende hissetmeyle ilgili eksik tarafını kapatmaya çalışır.

Yani hayatımızdaki her bir fazlalık, başka bir alandakinin taşmasıdır.

Bu aşırı telafilerin altında *eksik olanı tamamla* çabası vardır. Murat'ın ortaokuldaki para kazanma çabası, eksik kalan sevgi ve güveni almaya yönelikti. Kazanılan parayla hem diğer insanlardan sevgi -ki parayla alınan şey sevgi olmaz, gerçek sevgi parayla satın alınamaz, en fazla ilgi olur- hem de kendini güvende hissetme (güç) elde edilecekti. Her ne kadar kurtuluş kapısı gibi görünse de var oluşumuzu tamamlayacağımızı sandığımız bu kanal, bir süre sonra tek beslenme kaynağımız olacaktır. Bir insan tek bir şeyle besleniyorsa onun bağımlısı olur. İster eş ister iş ister madde ister çocuk vs. bu yaşam tarzına sahip birinin en büyük sorunu *dengedir.* Hayatı dengeli yaşamayı kaçırır kişi. Siyah beyaz yaşar adeta hayatı. Ya iş ya eş ya para ya fakirlik gibi... Oysa mutluluk dengedir. Dengeli yaşamdır. Kişi kendini mutlu edemiyor ve güvende hissedemiyorsa muhtemel bir kaynağa daha fazla yapışık yaşayacaktır.

Liseye geçtiğimde kendimi biraz daha iyi hissediyordum ama içten içe doğal sevginin olmamasını sanki fark eder gibiydim. Evet ilgi vardı, ailemin tutumu da olumluydu ama ince bir sızı vardı: "Bunları kendi çabamla elde ettim," sızısı. Şimdiki aklımla değerlendirdiğimde adı "koşullu sevgi" olan şeydi bu. Koşul sağladıkça sevilmenin sızısı.

Lise benim için karşı cinsi de fark ettiğim, onların ilgisinin de benim için bir beslenme kaynağı olabileceğiyle yüzleştiğim bir alandı. İlişkiler ile sürecim burada başladı. Beğenilme, farklı görünme, özel algılanma içimdeki boşluğa iyi gelecekti. Alt sınıfta beğendiğim hanımefendiye beğenimi hissettirmek için neler yapmıyordum ki! Gözünün içine bakmaktan tut da onun sınıfına bir bahaneyle gitmeye, onun mahallesinde daha çok zaman geçirmeye kadar... Tek amacım vardı, onun dikkatini çekip onun ilgisini ve sevgisini kazanmak.

Para kazanmak, başarı ve şimdi de sırada romantik ilişkiden beslenmek. Bu çabalarımın çoğu içimdeki duygusal yoksunluğu susturmaya yönelikti.

Kendimi güçlü gösterme ihtiyacımın iki şey tarafından motive edildiğini şimdi baktığımda görüyorum: Kaygılarım ve duygusal yoksunluğum.

Babamın kaygılı yapısı kaygılarımla motive olmayı, annemin ihmal edişi ise duygusal yoksunlukla motive olmamı sağlıyordu.

Lise sona kadar ağırlıklı olarak duygusal yoksunluğum beni motive etti. Çünkü klasik ergenlik döneminin de verdiği çevresel ilgi ve fark edilme ihtiyacıyla bu kulvarda daha çok çabaladım. Aynanın karşısında saatlerce saçımla oynamamı, bir kutu jöleyi iki günde bitirmemi, hoşlandığım kızın sokağında günde otuz kez tur atmamı, bu duygusal yoksunluk şemama borçluydum.

İlk ergenlik dönemimde aileden gelen baskılanmanın da yüzleşmesi yavaş yavaş çıkıyordu. Onların beni hâlâ sesini çıkarmadan ekmek almaya giden küçük bir çocuk olarak görmesiyle benim, "Başımın çaresine bakarım, beni kimse yönetemez," diyerek restleştiğim dönem başlamıştı. Babama daha fazla itiraz ederken anneme karşı kayıtsız kalışımsa adeta hesaplaşma sürecini tanımlıyordu.

Lise ikinci sınıf bittiğinde kaygı evrem tekrar aktive olmaya başladı. Sınıf arkadaşlarımın çoğu üniversite sınavına ağırlık verirken ben hâlâ hoşlandığım kızın bakışının peşindeydim. Ta ki babamın bana, "Oğlum üniversiteyi kazanman, istediğin hayatı kurmana kapı açacak. Hoşlandığın kızdan haberim var ama açıkçası bence sana da, ailemize de pek uygun değil. Yine de istersen üniversiteyi kazandıktan sonra karar ver," demesiyle odağım kısa süre içinde sınava hazırlığa dönüştü. Yine kaygılarım depreşmişti. Birden kendimi, "Ya kazanamazsam? Ya herkes kazanır ve ben kalırsam?" diyen iç sesimle baş başa buldum. Sınavı kaybetmek miydi sorun yoksa yalnız, başarısız ve sıradan algılanacak olmak mıydı korkutucu olan? Tabii ki ikincisi. Çünkü benim o dönem kaygılarım arasında en çok ilgi, değer ve sevgi ihtiyacım ağır basıyordu. Hata yapmaya tahammülüm yoktu. Soru çözerken kaygımdan dolayı soruyu bazen yanlış okuyor bazen de algılamıyordum.

Bugün baktığımda insanın kaygısı ve duygusal yoksunluğu onun soruyu algılamasını bile etkiliyormuş diyorum. İçsel değersizlik ve gelecek kaygısı, sınavı, soruyu, hayatı algılamamı tamamen değiştiriyormuş. Hayatımın hep bir zirveye çıkma ve orada kalma savaşıyla süreceğini görüyordum. Hiç ara vermeden çalıştım ve kazandım üniversiteyi.

Kendimizi güvende hissetmenin iki yolu vardır:

Koşulsuz sevgi ile kendilik değerimize güveniriz.

Ebeveynlerimizin desteğiyle de öz yeterliliğimize güveniriz.

Ailemizden gelen sevgi ve destek sayesinde tamamlanır ve daha rutin, daha dingin, daha keyifli bir yaşam sürmeye çalışırız. Lisede okuduğumuz dönemler, ergenliğimize denk gelir. Bu dönem, aslında özgüven ve öz değerlilik için hassas bir geçiş dönemidir. Çocukluktan gelen defolarımızla da yüzleşme, düzeltme ve onlarla vedalaşma dönemidir.

Beğenilmek herkesi mutlu eder. İhtiyaçtır ama temel ihtiyaç değildir. Kendini güvende hissetmek isteyen veya duygusal yoksunluğu olan kişi, bu hissi adeta temel ihtiyaca çevirir. İlerleyen yıllardaysa sevilme, beğenilme, onay alma odaklı bir vitrinli yaşam sürdürür. Tüm güçlü görünme maskeleri zayıf yönleri kamufle etme ve dolaylı ilgiyi alma amaçlıdır.

Çocukluktan eksik kalan o koşulsuz sevgi ve kabul, ilişkide bağımlı stilde bağlanmaya veya ilişkiyi yönetmeye dönüşür. Ya güvende hissetmek için pasif/bağımlı modu seçer ya da güvende hissetmek için her şeyi kontrol eder.

Bir yerde kontrol varsa orada güvensizlik vardır. Ama hayata, ama kişiye, ama ilişkiye... Kontrolcülük, hataya tahammül edememenin önlemidir.

Mükemmeliyetçilik ise onay alma ve kendini değerlendirme şeklidir. Not vermek gibi...

İlişkilerde aşırı telafi şekilleri nelerdir: Kontrol etme, aşırı fedakârlık yapma, kıskançlık, mesafe koyamama veya aşırı mesafe koyma...

Üniversite yılları daha dingindi benim için. Statü atlamış, sıradanlıktan sıyrılmış, rekabet gücünü kazanmış ve ailede de rüştünü ispat etmiş biri gibi algılıyordum kendimi. O dönem esas amacım, ortamda tanınan biri olmak odaklıydı. Kendimi göstermek için başarıdan çok, siyaset ve ideoloji radarıma girmişti. Daha fazla siyasi etkinliğe katılıp, yeni şeyler öğrenip daha fazla ön plana çıkmaya çalışıyordum. Oysa bugün baktığımda yine eksik tarafım konuşuyormuş: "İlgi topla, farklı ol, güçlü ol!"

Üniversite zamanı insan kendini büyümüş hissediyor. Olgunlaşma adımları atılıyor. İçteki duygusal yoksunluk ve gelecekle ilgili kaygılı yapı, bu dönemde sona doğru yine güç ve vitrine odaklanıyor. Kaygı, iş ve para kazanma sesi olarak, duygusal yoksunluksa onay, takdir ve romantik ilişki olarak konuşuyor.

Üniversite bittikten sonra hemen işe girdim. Kendi alanımla kısmen ilgili bir görev olsa da aslında iç sesim, "Bu, sana uygun bir iş değil ama işsiz kalmaktan iyidir," diyordu. Zaten benim gibi kendini eksik hisseden biri ne zaman memnun kaldı ki? Ne zaman yetindi ki?

Garanticiliğim beni yine tam istediğim gibi olmayan bir tercihe sürüklemişti. Bir süre çalıştım ve sonra ana alanıma yönelme çabası içindeyken buldum kendimi. Bitmeyen bir savaş demiştim ya, aynen öyle işte. Yine, yine ve yine... Arayış, arayış değiştirip yine arayış...

Bir süre sonra istediğim işe girdim. O beni rahatlatmıştı, tabii geçici olarak. Sonra ise yine kıvranacaktım o ayrı mevzu. O rahatlama ve kendime güvenle biriyle tanıştım. Onu hemen hayatımın merkezine aldım. Onun memnuniyetini kendi başarımla, özgüvenimle eşleştirdim. Ona adeta, "Harika biriyle berabersin," hissi yaşatmaya çalışıyordum. Ki bu zaten beni çok yoracak, onu bencil veya sorumsuz birine, kendimi ise yorgun savaşçıya dönüştürecektim.

Hayatıma aldığım kişi, zor beğenen ve başının çaresine pek de bakamayan biriydi. Bugün baktığımda tam da dişime göre yani. Çünkü bende bu aşırı sorumluluk, kurtarıcı mod varken başka birinden elektrik almam şaşırtıcı olurdu.

Annemin asık suratının getirdiği onu memnun etme sorumluluğu sert, soğuk ve memnuniyetsizlerin bana çekici gelmesini sağlıyordu.

İnsan, geçmişte maruz kaldığı şeylere aşinalıktan dolayı bir yakınlık hisseder ve bunun adını da *elektrik almak* koyar.

Asık surat sendromu olan kişiler, memnuniyetsiz ve takdir cimrisi kişileri seçerler. Hem de en çok onlar yüzünden geçmişte daha çok acı çekmelerine rağmen. Oysa şema kendini tekrar ettirir. Gidersin en tahammül edemediğini çekersin. Sınavını, hesaplaşmanı hatta sevmediğin olumsuz huylarını onunla savaşarak gidermeye çalışırsın. İçinde rahatsız olduğun duyguları ve düşünceleri, onu ortaya çıkaracak kişiyi seçerek yok etmeye çalışırsın. İçsel değersizliğini yenmek için o duyguyu ortaya çıkarmalısın. Bunu tek başına yapamayacağın için sana değersiz davranan birini bulur, onun vasıtasıyla o duyguları yaşar ve o kişiyle savaşırken aslında kendini kendine ispat edersin. İspat ettiğinde de o kişiden ayrılırsın. Ayrıldığın kişi, görevini yapmış misyonunu tamamlamıştır.

Soğuk ve memnuniyetsiz birini bulmamın nedeni tam da buydu. Hissettiğim eksik sevilme duygumun karşılığını; annemden kalan memnuniyetsizliğin bana verdiği başarma ve onay alma motivasyonunu ancak bu sevgilimle bulabiliyordum.

Sakin ve sorunsuz tipler bana zaten hep sıkıcı ve sıradan gelmiştir. Bugün onun rahatsız olduğum huy ve tavırları, dün onu seçme nedenimdi aslında.

Temelden gelen baskılanma, yok sayılma, kendini güvende hissetmeme, koşullu sevgi dinamiklerim evliliğimizde de kendini uyum bozucu davranışlar olarak göstermişti!

Eşimin sürekli her konuda bana fikir sormasını istiyorum. Bunun nedeni de ciddiye alınmama alerjim ve aktive olan kaygım.

Her şeye itiraz ediyorum. Ezilme ve zayıf görünme kaygım yüzünden bu. Fark ettirme girişimim.

Sürekli her şeyi kontrol etmem veya kendim yapmak isteyişim. Bunun nedeniyse güvensizliğim ve olayları akışa bırakamamam.

Sürekli çalışmam ve daha fazla kazanma isteğim. Elbette bu da kendimi güvende hissetmemem, kendimi mutlu etmeyi bilmemem ve ancak işe yararsam sevilirim düşüncem yüzünden.

Gerek romantik ilişkilerimde gerekse sosyal ilişkilerimde bir maskem vardı. Güçlü olmaya çalışırken "kendim olmayı" unutmuştum. Geçmişimden gelen hayatta tek başına savaşma rolüm, beni sürekli sert ve esnek olmayan birine dönüştürürken duygularımı, hayallerimi, acımı, kahkahamı, heyecanımı bastırmıştı. Duygularım olmadan ben, ben olmaya çalışmıştım.

Arkamda beni toplayacak bir ebeveynimin olmaması, beni hep kontrollü olmaya, garantici olmaya, tetikte olmaya, yaptığım her şeyi en doğru şekilde yapmaya zorlamıştı. Bir de üzerine eleştirel/mükemmeliyetçi bir ebeveynle büyüdüysen hata yapmak insana dünyanın sonu gibi geliyor.

Önünde yaşanmamış bir hayat duruyor. Ya çocukluğundan gelen şemaların kontrolünden çıkmadan otomatik pilot ile yönetileceksin ya da seni yöneten duygusal yoksunluğunun ve kaygılarının otopsisini yaparak, hayatının direksiyonuna sen geçeceksin. Çoğu insan, sorgulamadığı yaşamı karşılığı olmayan kaygıları dindirmeye çabalar. Ne kadar çok kazanırsa kazansın kaygıları dinmez. Bir süre sonra da bir dönem kaygılarını dindirmek için seçtiği yol, yaşam tarzına dönüşür. 55 yaşına kadar sadece para kazanmaya çalışan biri; o yaştan sonra hobi edinmeye, sosyalleşmeye daha zor geçiş yapar. Para kazanmak için belki bir tarz veya kültür gerekmezken para harcamak için ise bir kültür ve tarz gerekir. İşte bu nedenle de kaygıyla başlayan macera, bir süre sonra hayatın kendisi oluveriyor.

Popüler kültürde son zamanlarda artan güçlü kadın/erkek tanımlamaları ile *kendin ol* sloganları, aslında bu bahsettiğim çekirdek algılar değişmeden gerçekleşemez. Kendini güvende hissetmeyen bir kadın, yıllarca istemediği bir evliliği sürdürmek zorunda kalmışsa, gerekli güvenli yaşama ulaşmadan *kendin ol* demek, onda daha büyük değersizlik ve mutsuzluk yaratır.

Sevgi eksikliğini fark etmemiş, bununla nasıl baş edeceğini, bu yoksunluğunu nasıl gidereceğini bilmeyen birine, "Kendini sevdirmeye çalışma, insanları memnun etmekten vazgeç!" demek de bir o kadar havada kalacaktır. Çözüm içermeden sadece sonuç odaklı ifadeler, kişide yetersizlik ve değersizlik yaratmaktan başka işe yaramayacaktır.

Şayet normalden daha fazla kaygılı ve kendini güvende hissetmeyen biriysen:

1- Üzüldüğünde, kırıldığında, sıkıştığında, haksızlığa uğradığında, yani olumsuz her durumda gösterdiğin duygu öfkedir. Her olayın farklı bir duygusu olması gerekirken sen her olaya tek bir duyguyla karşılık verirsin. Kendi duygularınla başın derttedir. Çünkü düşüncelerin duygularının doğal olarak yaşanmasına ve ortaya çıkmasına engel olmaktadır. Geçmişten gelen, "Zayıf görünürsem daha çok ezilirim... Ağlarsam basit ve sıradan görünürüm... Şefkat istersem duygularım sahteymiş gibi algılanırım," gibi düşüncelerin, her olumsuz duyguyu güçlülük olarak tanımladığın öfkeyle yansıtmana neden oluyor.

Öfke çoğunlukla korku ve duygusal zayıflığın göstergesiyken, bizim gibi gücün yüceltildiği toplumlarda öfke, aslında güç simgesidir.

2- İstediğin olmadığında hırçınlaşıyor, tahammül edemiyorsan, bir süre sonra istediklerinin olma ihtimali daha da azalıyor. Çünkü sorun artık istediklerin değil, inatlaşma ve kullandığın üslup oluyor. Güç kullanan herkes, karşı tarafta ezilme ve aşağılanma algısı yaratır. Zamanla da karşındaki kendini güçlü hissetmek adına, inadına senin dediğini yapmamaya başlar. İlk başlarda sana değer veren, seni memnun etmeye çalışan kişi sen öfkelendikçe, tepkisel davrandıkça inadına daha da olumsuz davranır.

3- Temeldeki güçlülük masken seni umursamazmış, bir şeye ihtiyacın yokmuş, sorunun yokmuş, her şeyle baş ediyormuşsun gibi bir vitrin oluştursa da bir süre sonra bu maskenden dolayı:

- İnsanlar saha daha az merhamet gösterir,
- Sana daha az yardım eder,
- Seni daha az önemser,
- Sana karşı daha talepkâr olurlar.

Gerek kaygıların gerekse ilgi ve övgü alarak doldurmak istediğin duygusal yoksunluğun nedeniyle her işini kendi halletmek isteyen, zayıf görünmeyen sen; bir süre sonra her şeyi üstlenen, işbirliğinden uzak, tüm yükü çeken, yeri geldiğinde ebeveyn, yeri geldiğinde abi veya abla olan birine dönüşürsün.

Mesela bazen danışanlarımdan veya okurlarımdan şöyle açıklamalar alıyorum: "Hocam başka insanlar, kendini zayıf gösterir, hemen kırılır, çabuk ağlar, yaptığı işi abartıp göze sokar ve daha kıymetli olur. Ben reklamını yapmayan, yakınmayan, kolay kolay yorulmayan biriyken neden benim onlar kadar kıymetim olmuyor?"

Cevabım net: "İnsanlar seni anlamak zorunda değil. İnsanlar senin yorgunluğunu, yükünü keşfetmek zorunda değil. Bir yetişkin anlaşılmakla değil, anlatmakla yükümlüdür."

Ne zaman ki

Güçlü olmayı değil mutlu olmayı,

Bencil olmayı değil ben olmayı,

Kendini sevdirmeyi değil sevilmeye bırakmayı,

Değer görmeyi değil değerli olmayı,

Seçersen,

İşte o zaman "kendin" oluyorsun.

MÜKEMMELİYETÇİ HAMALLAR

Benim adım Aysun.

Yıllarca hep bir şeyler düzgün olsun diye yırtındım durdum. Bir yandan çocuklar, bir yandan eşim, bir yandan işyerim, bir yandan da ev işleri...

O kadar çok sıkışıp kalıyordum ki bazen kendimi ya çaresizlikten ağlarken ya da bana yardımcı olmadığını düşündüğüm kişilere öfkelenirken buluyordum. En çok fedakârlık yaptıklarım, gün geliyor en çok tahammül edemediklerime dönüyor. Ne zaman fark ettim biliyor musun? Eşim bir gün bana, "Ben mutlu değilim, bu şekilde giderse boşanacağım," dediğinde. O an kendimi 38 yıllık hayatımın son nefesini alıyormuşum gibi hissettim. "Nasıl yani ya? Olamaz ya! Haksızlık bu ya," dedim. "Ben bunca yıldır kendimi sizler için paralarken, kendim için hiçbir şey yapmazken, her şey güzel olsun, kuralına göre olsun, sorun çıkmasın diye çabalarken nasıl olur da sen benden ayrılmayı düşünürsün? Neden ya, neden?" diye öfkelenerek sordum.

Eşim, "Bak yine öfkeleniyorsun. Kendi koyduğun kurallar dışında hiçbir şeye tahammül edecek gücün yok. Bütün gün zihnindeki senaryoyu tamamlamaya çalışıyorsun. Diğerlerinin ne istediğini, ne hissettiğini bilmiyorsun. Ne zaman söylesek hemen emeklerini masaya koyup bizim kendimizi suçlu hissetmemize neden oluyorsun. Ben artık kurtarıcı bir eş değil; mutlu, güler yüzlü ve sakin bir eş istiyorum. Sen kurtarıcı olarak yaşamayı öğrenmişsin ama benim buna ihtiyacım yok. Sen bir şeyleri dört dörtlük yapmasan da aslında yürüyecek hayat, ama izin vermiyorsun ki! Her şey senin istediğin gibi, senin kontrolünde ve senin istediğin hızda olsun istiyorsun," dedi.

Ben: "Bunun neresi kötü ya, bu hayatta kimseye yaranamadım. Yıllarca kendi anne babama bile anne babalık yaptım, ama hâlâ şikâyetçiler. Yıllarca kardeşlerimin peşinden koştum, 'Yapmasaydın,' dediler. Nerede hata yapıyorum ben?"

Eşim: "Senin bugünün yok hayatım. Sen yarın insanısın. Sana yıllardır diyorum, ya bırak akışına, zamanı geldiğinde çözeriz. Sen ise yine bugünün enerjisini en küçük ihtimal için harcadın. Sonra fark ettim ki bunları sadece kendini rahatlatmak için yapıyorsun. Benimle alakası yok."

Ben: "Nasıl yani ya, sizler için yapmıyor muyum? Her şey belli bir kuralda olsa, geleceğe karşı hazırlıklı olsak ne olur?"

Eşim: "Biz boşansak da sen aynı şekilde yaşamaya devam edeceksin. Geleceğe hizmet edeceksin. Unutma, çocuğumuz yokken de böyleydin. Hayatımızın geri kalanını olmayan sorunların kaygılarıyla savaşarak harcamak istemiyorum. Herkes adına karar vereceksin. İnsanlar senin hızına yetişmediğinde surat asacak ve gidip o işi yapacaksın. Hem yorulacak, hem bize kızacak hem de hep alacaklı olacaksın. Bu beni çok yoruyor artık. Bırak da ben kendi işimi yapayım. Az da olsa yavaş da olsa, senin kadar mükemmel yapamasam da ben yapayım."

Biliyorum kulağa pek hoş gelmedi bu mükemmeliyetçi hamallar tanımı ama bazen kişinin yaptığı yanlışın önemini vurgulamak için hareketini olumsuz bir etiketle beraber kullanmak iyidir. Şayet sen her şeyi doğru yapmaya çalışan, süre olarak, şekil olarak, performans olarak her şeyin istediğin gibi olmasını isteyen biriysen bir süre sonra arkadaşlık ilişkinde de olsa, iş hayatında da olsa, ilişkinde de olsa birçok iş senin üstüne kalır.

Kuralcı yapın, tez canlı tarafın, düzgün yapmayana, yavaş yapana, hemen yapmayana alerji geliştirir. Hal böyle olunca bir süre sonra tahammül edemediğin ne varsa kendin yapmaya başlarsın. Onlara tahammül etmek yerine sorunu kökten çözüp kendin yaparsın. Mesela çocuğun, ayakkabısını yavaş bağlıyor ve sen beklemekten sıkılıyorsun diye bir süre sonra sen bağlamaya başlarsın ama sekiz yaşında ayakkabısını bağlamayı bilmeyen bir çocuk yaratırsın.

İşyerinde işini yavaş yapan birine tahammül edemediğin için onun da işini üstlenmeye başlarsın sonra bir bakarsın ki sen feda ederken onlar kâr eden olmuş.

Eşin de ağırkanlı ve yavaş hareket ediyor. Faturayı geç yatırıyor diye sen bir süre sonra fatura ulaşır ulaşmaz yatırmaya başlıyorsun.

Kök ailendekiler kişisel sorumluluklarını yerine getirmez ve bazı sorunlar yaşar. Hem de bir kez değil, sürekli olur bu. Sen ise her defasında ya onlara kurtarıcı olursun ya da sürekli düzeltmeye çalışan olursun.

Aslında çok acı bir şey söylemek istiyorum sana. Sen yapmasan da sen olmasan da bir şekilde herkes gemisini yürütüyor.

Sen onların hayatında çok işe yaradığını sanırken aslında onları keyfi davranan ve yine bildiğini okuyan birine dönüştürürsün. Yıllar sonra da geri çekilip alanı onlara bıraktığında veya onlarla görüşmeyi kestiğinde yine herkesin bir şekilde başının çaresine baktığına tanık olursun.

İçin yanar.

Canın acır.

Emeğine üzülürsün.

Bunca yıl boşuna çabaladığını, onları ısıtmaya çalışırken kendini yaktığını görürsün.

Sadece bu kadar mı? Değil. Üstüne üstlük alıştırdığın sistemi aniden bozup onları sorumluluklarıyla baş başa bıraktığın için kötü olan da sen olursun. Yıllar sonra bu tipleri sırtından indirdiğinde seni suçlamaya başlar ve muhtemelen seninle iletişimi keserler.

Tahammül etmelisin sevgili dostum. Bırak insanlar az da olsa, yavaş da olsa kendi görevlerini yapsın. Bu, onları geliştirirken seni de kendi sorunlarını görmeye yöneltir.

Ben derim ki bırak kimin ne sorumluluğu varsa o yapsın. Yavaş da olsa, eksik de olsa hatta yapmasa da bırak sonuçlarıyla o yüzleşsin. Hatta bunun pedagojide bile karşılığı var: Davranışının sonucunu yaşatma tekniği.

Yukarıdaki hikâyede tanıdık bir şeyler senin mükemmeliyetçi olman yüksek ihtimaldir. Bir yandan onay arayan duygusal eksikliğin, diğer yandan ise her şeyi eleştiren memnuniyetsiz bir ebeveynin... Bu bileşimler ile hata yapmaktan korkan birine, her şeyi en doğru yapıp risk almayan birine, mükemmeli oynayıp takdir ve onay ile kendini iyi hissetmeye çalışan birine dönüşüverirsin.

Bırakamazsın akışına. “Bir sorun çıkarsa onu o zaman düşünürüm,” diyemezsin. Aslında biraz sabredip denesen, yıllardır korktuğun *o* şeyin olup olmayacağını, baş edip edemeyeceğini de görmüş olacaksın. Maalesef kontrolü bırakmaya cesaret edemiyorsun. Bir de o kadar çok şeyi üstlenmişsin ki ilk hangisini bırakacağını bilememen de ayrı muamma.

Yine de adım adım sorumlulukları paylaşman gerekir. Yoksa uzun vadede, bitmeyen sırt ağrıların, içinde dinmeyen öfken, hayat akıp geçiyor karamsarlığın seni iyice dört yandan saracak.

Neymiş
Senin kadar iyi yapmıyor
Senin kadar hızlı yapmıyor
Senin kadar detaylı yapmıyor
Varsın
Herkes kendi sorumluluğunu alsın
Ama
Yavaş yapsın
Mükemmel yapmasın
En iyisini yapmasın
Sen de buna tahammül et

Kaldı ki
Her şey senin dediğin gibi olsa
Hızlı olsa
Detaylı olsa
Tıkır tıkır olsa ne fark edecek?
Daha mı mutlu olacaksınız hep beraber?
Hayır!
Sen yorulacaksın

Onlar da, "Bu senin seçimin," diyecek
Yıllar sonra
Mükemmeliyetçiliğin, onlara güvenmediğin
için işi onlara bırakmayışın,
Bırakmadığın için de gelişmelerine engel
oluşun nedeniyle
Kıymet görmeyen hatta suçlanan sen olacaksın.

Çoğu bilişsel çarpıtmanın altında sevgisizlik ve güvensizlik yatıyor. Ya sevginin peşinde koşarken buluyoruz kendimizi ya da güvende hissetmenin çabasını verirken. Ya birilerinin sevmesi için kendimizi paralıyor ya da bu hayatta çaresiz kalmamak, birine muhtaç olmamanın önüne geçmemek için ömrümüzü heba ediyoruz.

Oysa dipsiz bir kuyudur *kendini güvende hissetmek*. Ne zaman bitecek bu kendini güvende hissetmemek? Ne ile iyileşecek? Sonra nasıl olacak?

Cevaplar bulunmadıkça kontrolsüz bir şekilde soyut bir korkuyla savaşa dönüşüyor hayat.

Sorgulanmamış her düşünce, ilk günkü gibi bizi yönetmeye devam eder. Seni yöneten düşünce ne olursa olsun, onunla konuştukça onu kontrol altına alabilirsin.

Şimdi kendini güvende hissetmenin otopsisini yapalım mı?

Ama kuralım şu: Eline bir kalem al ve acele etmeden sadece her soruyu düşüne düşüne cevapla. Hatta istersen bugün sadece bu sayfayla ilgilen.

Kendini güvende hissetmen için istediğin şeye örnek vereyim:

İşe girmek, evlenmek, ev almak, birikim yapmak vs. olabilir.

Başlayalım:

1. Ne zaman güvende hissedeceksin kendini?

....

....

....

2. Ne gerçekleşirse, "İşte şimdi güvendeyim!" diyeceksin?

....

....

....

3. Bu gerçekleşecek şey, ne kadar mümkün bir şey?

....

....

....

4. Seni ne kadar süre güvende tutacak bu şey?

....

....

....

5. Tahmin etmediğin veya kontrolün dışında gelişen bir olay yaşarsan yine bu yukarıda dediğin şey, seni hep güvende tutacak mı?

....

....

....

6. Bu gerçekleşmesini istediğin şey, başkaları için de tek kendini güvende hissettiren şey mi?

....

....

....

7. Bugüne kadar bu olmadan yaşamını yine de sürdürebildin mi?

....

....

....

Şimdi cevaplarını tekrar okumanı istiyorum. Hayatında gerçekten kendini çok mu güvensiz hissediyorsun? Yoksa daha fazlasına mı ihtiyacın var?

Ne daha fazla para, ne daha fazla gelir ne de daha fazla kariyer sana kendini yüzde yüz güvende hissettirecek. Bu nedenle kontrol düşkünlüğünü, her şeyi bilmek, sürekli teyit etmek ve hayatın akışını yönetmek gibi davranışlarını esnetmelisin.

Kaygılarına *ileride kötü bir şey olursa onu o zaman düşünürüm* ile cevap vermelisin.

Şu an bu kitabı okuduğuna göre belki kısmen bile olsa güvenli bir yaşama devam ediyorsun.

Ama bir şeyler aksayacak diye her şeyi sen üstlenmemelisin.

Yıllar önce bir çifti seansa almıştım, konumuz işbölümü ve sorumluluklardı. İlerleyen seanslarda kadın danışanım, eşinin sorumluluğunda olmasına rağmen faturaları 5 yıldır yatırmamasından yakınıyordu. Eşi ise, "Tam ben yatıracakken eşim dayanamaz ve gider yatırır zaten," dedi. Kadın ise aksine eşi yatırmadığı için böyle davrandığını, birkaç kez karışmadığını ama son gün geldiğinde hâlâ ödenmediğini gördüğünde karanlıkta kalmamak adına gidip faturaları yatırdığını söylemişti.

Ben hanımefendiye şunu sormuştum:

"Yatırmazsanız ne olur?"

Kadın danışan: *"Karanlıkta kalırız."*

"Karanlıkta kalırsanız ne olur?"

Kadın danışan: *"Yani korkarız, yemek yemek, uyumak, tuvalete gitmek çok zor olur."*

"Anladım. Günlük yaşamımız aksar diyorsunuz."

Kadın danışan: *"Evet, özellikle de geceleri..."*

"Peki sizce bu durum kaç gün sürebilir?"

Kadın danışan: *"Belki bir, iki gün..."*

"Buna bir, iki gün dayanmayı göze alabilir misiniz? Mesela faturadan dolayı değil de genel bir elektrik kesintisi olsa evde iki gün ne yaparsınız?"

Kadın danışan: *"Mecburen bir şekilde idare ederiz."*

"Peki. Sürekli bu sefer ödemeyeceğiniz söylemini bugüne kadar eyleminizle güçlendirmediniz. Sizce evde karanlıkta kalsanız, eşiniz artık ikna olur muydu? Mesela, 'Evet bak, bu sefer gerçekten kararlı. Gidip ödemedi,' der miydi? O

gece siz, çocuğunuz ve eşiniz elektriksiz kalsanız, eşiniz bunun bedelini görüp kendini suçlu hisseder miydi?"

Kadın danışan: *"Olabilir belki ama yine de emin değilim."*

"Burada geriye kalan tek şey, en çok korktuğunuz karanlıkta kalma eylemini gerçekleştirmeniz sanırım."

Kadın danışan: *"Şayet sorunu bu çözecekse kendimi tutar ve son gün gidip ödemem."*

Eşi bizim konuşmamıza tanık olurken hafifçe tebessüm ediyordu. Ben de sebebini merak edip sordum tabii.

"Bize gülümsediğinizi fark ettim. Bunun bir anlamı var mı?"

Erkek danışan: *"Tamam, ben bundan sonra gecikmeden ödeyeceğim. Fakat bence eşim yine dayanamayacak ve son gün gidip ödeyecek. Buna gülüyorum."*

Kadın danışan: *"Hayır, bu sefer göreceksin ödemeyeceğim. Çünkü gözümde büyüttüğüm karanlıkta kalmanın çok da korkunç olmadığını görüyorum artık. Hem karanlıkta kalırsak da artık kendimi suçlamayacağım. Aksine sabaha kadar dırdır edeceğim. Şimdi sen düşün!"*

Bu seanslar ailenin yaşadığı farklı problemler hakkında bir süre daha devam etti. O gün biz yeni bir seansa girerken, ailede bir değişiklik hissettim. Kadın manidar bir şekilde gülümsüyordu erkek ise daha gergindi. Konu doğrudan faturaya geldi.

Kadın danışan: *"Hocam başlarda konuştuğumuz gibi ben ilk defa faturayı ödemedim. Son ödeme günü içim içimi yedi ama kendime söz vermiştim. Eşime de hafta başında söylemiştim ne yapacağımı. Gerçi hâlâ niye hatırlat-*

tıysam? O yine, 'Tamam ben öderim, sen karışma,' dedi. Ben de takibi bıraktım. Ona güvendim. Haftalar geçti. İkaz mesajını da unutmuş olmalı ki pat diye elektrikler kesildi. Eşim önce köpürdü, bana kızdı, 'Ne var ödeseydin!' dedi. Beni bencillikle suçladı. Ben hiç üstüme alınmadım. Sonra o geceyi karanlıkta geçirdik. Ben tabii susar mıyım; laf, laf, laf... Sürekli laf soktum... Sabah eşim bir hışımla evden çıktı. Hemen gidip faturayı yatırmış."

Erkek danışan: *"Hem yatırdım hem de otomatik ödemeye bağladım."*

Kadın danışan: *"Nasıl yani ben yıllarca boşuna mı o kuyruğa girdim? Böyle bir yöntem vardı da neden bana eziyet ettin?"*

Erkek danışan: *"Yoo, ne zamandır varmış bu özellik. Ama bilirsin ben pek sevmem internet bankacılığını. Fakat şimdi güvenli sistemler, daha basit yöntemler varmış. Araştırdım, öğrendim ve yaptım."*

Kadın danışan: *"Görüyorsunuz işte, çözdü ama yine kendi kafasına göre çözdü."*

"Bu olaydan ne anlam çıkarırsınız hanımefendi?"

Kadın danışan: *"Şayet karanlıkta kalma riskini göze alırsan hep aydınlık gelirmiş."*

Bu hikâyedeki kadın, her şey kuralına göre olsun, sorun çıkmasın, aksilik olmasın düşüncesinden dolayı yıllarca istemediği halde faturaları öderken içten içe buna neden olan eşine gizli bir öfke besliyordu. Ne zaman ki riski göze aldı, varsın bir şeyler de aksasın, dedi, sorun hemen çözüldü.

İşte günlük yaşamımızda da bizimle alakası olmayan, bizim sorumluluk alanımızda olmayan konularda, "Bana ne!" diyebilmek, en kestirme çözüm olabiliyor.

Senin sorumluluğunda olmayan şeyleri üstlenirken ikinci bir sorumlu bulamazsın. Bir iş, ancak yerde kalırsa esas sahibi ortaya çıkar. Günlük yaşamında bunu alışkanlık haline getirmeni öneririm.

İster birilerinin ilgi ve sevgisini almak için olsun, ister akışa güvenmeyip risk alamama tarzın olsun. Her iki durumda da sana ait olmayan sorumluluklar, fedakârlık değil, göreve dönüşecek ve kıymetsiz bir emeğin olacaktır.

Mükemmeliyetçiliğini frenlemek için:

✓ Kendine ait beslenme alanları geliştirmelisin. Tek bir şeyle tüm yaşam boyunca kendini güçlü hissetmeye veya güvende hissetmeye çalışmamalısın. Şayet bu hayatta tek bir şeyle mutlu oluyorsan, onun bağımlısı olmuş olabilirsin. Bu iş ise işkolik, eş ise eşkoliksindir.

✓ Kişi, tek muslukla mutluluk havuzunu dolduruyorsa o musluk ile ilgili kusursuzluk ve mükemmeliyetçilik geliştirir. Çünkü ana beslenme kaynağı odur.

✓ Sevgili dostum, yaşamını zenginleştirdikçe hatalara olan hassasiyetin ve tahammülsüzlüğün azalacak. Mutluluğu veya başarıyı tek bir kulvarda elde etmekten ve tek bir şeyle ölçmekten vazgeçtiğinde, akışına bırakılan bir yaşama yelken açacaksın.

✓ Spor, sanat, ilişki, iş, akrabalık, kariyer, iyilik vb. gibi birçok mutluluk kaynağını aktive ederek başlayabilirsin.

ZAYIF GÖRÜNME KORKUSUNUN ZAYIFLIĞI

Benim adım Aylin.

Görünüşte sorunsuz olan, her şeyin yolunda gittiği bir ailede büyüdüm. Babam maliyede memur, annemse üniversite mezunu ev hanımıydı. Üç kardeşin ortancası, evin tek kızıydım. Bildim bileli annem hep bir müfettiş gibi bizlere not verirdi. İlkokula başlarken bile okul korkumdan çok, ya başarısız olursam annem ne der, diye düşünmüştüm. Başarılarımdaki ödül ise annemin kısa süreli gülümsemesiydi. Kendimi hep kanıtlamak zorundaydım sanki o sevgi ve gülümsemeyi almak için. Diğer yandan da annemin başarısızlığa, zayıflığa tahammülü yoktu. Mesela biz ağlasak, bir de annemden azar işitirdik. Çünkü o ağlamamıza tahammül edemez, bunu sıradan ve zayıf çocuk davranışları olarak gösterirdi. Geriye dönüp baktığımda kendimi, sevdirmeye çalışan Aylin ile güçlü görünmeye çalışan Aylin arasında gidip gelen, karakterini, kendini, duygularını bir türlü tanıyamayan biri olarak görüyorum.

Güçlü görünmek adına dokuz yaşından sonra üzülmeyi ve ağlamayı bıraktım evde. Bir süre savunmalarım, karakterim olmuştu adeta. Sahte güçlülüğüm, ön yüzümdeki maske olmuştu artık. "Ben hallederim!", "Acımadı ki...", "Benim sorunum yok ki!", adeta beni tanımlayan mottolardı. Çünkü şuna inanmıştım; zayıf olursam kimse beni sevmez, ağlarsam insanlar beni âciz görürler ve daha çok üstüme gelirler. İllaki bir duygu göstereceksem, gücü tanımlayan duygu olan öfkeyi göstermeliydim ve on iki yaşından sonra nur topu gibi öfke patlamalarım oluşmaya başladı.

Öte yandan içimdeki duygusal yoksunluğumuysa tıpkı ilk hatırladığım gülümseme peşinde koşan Aylin'in yaptığı gibi hep koşul ve satın almalarla doldurmaya çalıştım. Yeri geldi kurtarıcı oldum; yeri geldi hep verici, yeri geldi sınırları olmayan tavizkâr biri oluverdim. Çok güçlüymüş gibi görünen tarafım, en küçük ilgi ve sevgi gördüğünde prensipleri olmayan birine dönüşüveriyordu. İlişkilerimde -güçlü görünüşümün altında- kısa süre içinde karşıdakini hayatının merkezine koyan, ona bağımlı hale gelen gelgitli biri oluyordum. Hem rest çekiyor hem de onsuz olamayıp kısa sürede geri vites yapıyordum. Hem kaygılıydım hem de sevgisizdim.

Ne kadar aç olursam olayım duygusal olarak, asla çaktırmıyordum. Bununla da içten içe gurur duyuyordum. Karşımdaki ise bir süre sonra duyarsızlaştığında onu suçluyordum. Kadın gibi olmak kavramı mesela bana aşağılayıcı gelirdi. Ne demek kadın gibi ya? Çıtkırıldım olmak, ilgi istemek, naz yapmak, cilve yapmak; adeta sahtekârlıktı bana göre. Annemin zihniyle bakıyordum hâlâ. Oysa bir gerçek vardı ki en çok da o kadınlar değer görüyordu. En çok da o kadınların her istediği oluyordu. Hem onlara öfkeleniyordum hem de içten içe özeniyordum.

Üç ciddi ilişkim oldu itiraf edeyim hiçbiri doğru dürüst bana merhamet göstermedi. İlgi ve sevgiyi hep ben istedim. Başımın çaresine hep ben bakıyordum, hatta merak etmelerine bile izin vermezdim. İlk ilişkimdeki şu sahneyi hiç unutmam:

Gece 02:00'de Taksim'den dönüyorduk, sevgilim, "Seni eve bırakayım," dedi. Ben ise, "Gerek yok... Ben şuradan taksiye biner on dakikada giderim," dedim. Yaşadığı şoku yüzünden okuyordum. Sonrasındaysa bir daha teklif etmedi.

Muhtaç görünmeye karşı alerjim var benim, kimseden kendim için bir şey isteyemem. Yüz versem bile on istemek ağır gelir bana. Diğer yandansa hep içten içe beklenti içindeyim. Ve bunları karşılamadıklarında öfke patlamalarım sayesinde onca emekle elimle yaptıklarımı dilimle yıkıyordum.

Hem istemeyi bilmeyen, hem duygularını gösteremeyen hem de duygusal deposu aç bir kurtarıcıydım. Kurtarılmak isteyenler favorimdi. Onları kurtararak hem ilgi hem de kendini yeterli hissetme ihtiyacımı gideriyordum.

Ben anneme bile güvenmemişim. Duygumu gösterirsem başıma ne geleceğini bilememenin belirsizlik kaygısı. Ben yardım istemek için arkamda güçlü bir ebeveyn görmemişim. Talep etmekten korkan, talep ederse nasıl küçümseneceğini kestiremeyen küçük bir kız çocuğu olarak.

Ben hiçbir zaman kendimi, duygularımı, düşüncelerimi ortaya koyamamışım. Çünkü kabul görmemişim. Olanı değil, olması gerekeni görmüş, onu perdeye yansıtmışım.

Peki neden böylesin?

Çünkü:

1. Gerçek duygun yerine ikincil duygunu gösteriyorsun. Korktuğunda, üzüldüğünde, çaresiz kaldığında çevrene *öfke* yansıtıyorsun. Ancak öfke, insanları uzaklaştırır.

Sen zayıf görünmemek ve birincil duygunu hissetmemek adına öfkeye sığınırken kendini ötekinin merhametinden, desteğinden, şefkatinden mahrum bırakıyorsun.

Sen de bir maske taşıyorsun.

Belki ağlayamıyor, belki üzüntünü ifade edemiyor, belki de sürekli güçlü görünmeye çalışıyorsun.

İçindeki zayıf, kırılgan ve hassas çocuğun daha fazla üzülmemesi için zırhlarınla yaşıyorsun.

Geçmişte incinmişliklerin olabilir. Çocukluğunda ebeveynlerin tarafından çok fazla korunup, dünyanın ve ötekilerin hep zarar verebileceği telkiniyle büyüdün.

Bu nedenle kimseye güvenmiyor, kendini açamıyorsun.

Birincil duygularını (korku, üzüntü, öfke, tiksinti, utanç, coşku ve şaşkınlığını)[1] sürekli bastırıyorsun.

Deneme yapmadan insanlara güvenemezsin. Herkes aynı değil. İyi insanlar daha çok...

Zarardan korunmak için kendini hep korumak ve bedel olarak hep yalnızlık hissetmek yerine, sorun çıktığında veya savaşman gerektiğinde zırhını kuşan.

Güvensizliğin, incinme kontrolünün göstergesi...

---

1 Greenberg'e göre.

Koy kendini ortaya!

At kahkahanı, dök gözyaşını, anlat dostlarına hayallerini veya acını ve bekle...

Kim seni sömürecek?

Kim sana sarılacak?

BEKLE...

Bunu denemezsen hayatın boyunca hep o maskeyle yaşayacaksın. O maske zamanla yüzün olacak. Yüz çizgilerin o maskeye göre kaz ayakların o maskedeki güvensizliğe göre derinleşecek.

Denemek, elemektir unutma!

Korkunu elersin, kaygını elersin, dost sandıklarını elersin, sandığında sakladığın güvensizliğini elersin.

Kendine ne kadar, "Tamam güveneceğim, tamam kendime izin vermeliyim," desen de denemeden göremezsin. Çünkü insan zihni, bir süre sonra sadece somut davranışla ikna oluyor. Kendi kendini telkin etmen işe yaramıyor ve tekrara başlıyorsun.

Dene!

2. İnsanlar sana sevgi vermiyor. Çünkü sevgi istemeyi zayıflık, sevilmeyi ona bağımlılık, sevgi ifadelerini ise yapaylık olarak değerlendiriyorsun.

Sevilmek oksijen değil, ama oksijenin varsa sıra sevilmekte. İşte o zaman karşıdakinin bunu fark etmesini beklemeyip senin ona bu durumu fark ettirmen ve sevilme şeklini ona anlatman gerekir.

Kendini sevdirmeye çalışmaktan, sevgiyi fedakârlık, kolaylık, koşul sağlayarak elde etmeye çabalamaktan da vazgeçmen gerek.

Şayet bu yolu seçersen sen sevgiyi satın almış olursun.

Sevgi bir koşula bağlıysa takastır.

Sevgi kişiliğine bağlıysa esastır.

Seni sen olduğundan sevmeleri için kendini sevdirmeye değil, sevilmeye bırak.

Şimdi diyorsun ki nasıl sevecekler bir koşul sunmazsam?

İyi insanlar, yardımsever insanlar, güvenilir insanlar, güler yüzlü insanlar, samimi ve dürüst insanlar hep sevilir.

Bu özelliklerini güçlendirip bu özelliklere itibar eden, kıymet verenler tarafından sevilmen daha iyi olmaz mı? Hem onlar senin bu doğal yönünü sevecekleri için yorulmazsın da.

Olduğun gibi, efor sarf etmeden sevilirsin/seversin.

Herkesin seni sevmesine gerek yok.

Herkes tarafından takdir edilmene de...

Kendin ol.

Sevilecek değerlere sahip ol.

Seven sever, sevmeyen gider istediğini sever.

Bırak sadece seni *sen* olarak sevenler sevsin.

Çok kişi tarafından değil, az ve öz kişi tarafından sevil.